KB112922

버킷리스트 11

이 책을 소중한

_____ 님에게 선물합니다.

_____ 드림

• 운명을 바꾸는 종이 위의 기적 •

버킷리스트 11

기획 · **김태광**

박경례 이지연 이용태 서영진 이은지
김석원 경수경 송민규 김주연

시너지북

버킷리스트로
인생 2막을 완성하라!

인생은 허무하기 그지없다. 그래도 살아 숨 쉬는 동안 원하는 것들을 이루어 나간다면 그것 또한 의미 있는 일일 것이다.

사람들은 대부분 각자의 위치에서 열심히 살아가고 있다. 그리고 아주 좁은 공간의 세계만을 보면서 만족하고 살아간다. 그렇게 살면서 아까운 시간을 낭비하고 있다. 정신없이 하루 일과에 쫓기느라 꿈을 가져 볼 시간적 여유가 없다. 자신과 가족의 풍속한 삶을 위해 진짜 중요한 것은 잊은 채 인생의 브레이크를 밟지 않고 달리기만 하는 것이다.

그러다 문득 살아온 인생을 돌아보게 된다. 굴곡졌던 삶의 여정이 주마등처럼 스칠 것이다. 어린 시절 품었던 꿈은 막연히 동경만 하다가 흐지부지되고 말았을 것이다. 우리는 살면서 경제적

어려움으로 고통받거나 병마와 맞서 싸우는 등 수많은 시련들에 맞닥뜨리게 된다. 그러면시 웬만큼 힘든 일은 견뎌 낼 수 있을 정도의 대항력을 키우기도 한다. 이제는 자신이 진정으로 하고 싶은 일, 행복을 만들어 갈 수 있는 의미 있는 일을 해야 한다.

매일 아침 행복한 미래를 상상하고 미래에 이루어질 모든 것들을 시각화하면서 하루를 시작해 보자. 그렇게 시작하는 하루는 분명 행복할 것이다. 그리고 구체적으로 이루어야 할 것들을 머릿속에 그리면서 마음의 근육을 키우자.

나를 포함한 이 책의 작가 9명은 반드시 이룰 것이다. 운명을 바꾸는 종이 위의 기적은 꼭 이루어진다고 믿는다.

2017년 5월
박경례

CONTENTS

버

킷

리

스

트

11

PART 1

대한민국
1등 부동산
창업 코치 되기

박 경 례

박경례

'고덕일번지부동산' 대표, 공인중개사, 부동산투자 컨설턴트, 강연가, 공인중개사 코치, 동기부여가

현재 평택에서 투자 전문 부동산을 운영 중이다. 20년의 경험을 토대로 도움을 필요로 하는 사람에게 동기부여를 해 주고, 부동산 투자 코칭을 하면서 선한 영향력을 끼치는 메신저로 살아가고 있다.

E-mail sophia88888@naver.com
Blog blog.naver.com/sophia88888
Cafe cafe.naver.com/anyomnia
C·P 010·9600·4984

대한민국
최고의 공인중개사
창업 코치 되기

내가 부동산 중개업을 시작한 지도 어느새 20년이 되어 간다. 수많은 사람들이 나를 거쳐 갔다. 워낙 많은 사람을 만나다 보니 미처 다 기억하지 못하는 경우도 있다. 마트나 은행에 가면 나에게 인사를 해 오는 사람들도 있다. 그런데 죄송하게도 누구인지 알아보지 못한다. 얼마 전에도 분양 아파트를 영업하러 나와서 아는 척을 해 오는데 도통 생각이 나질 않았다. 그럴 때는 정말 미안하다는 생각이 든다. 그러면서 한편으로 아줌마 기억력의 한계를 실감한다. 그만큼 나는 많은 시간을 부동산과 동고동락했다.

나는 가끔 사람들에게 상담을 해 주기도 한다. 마음에 병이 있는 사람들의 입장에서 생각하고 상담해 주다 보니 많은 사람들이 수시로 나를 찾아와 조언을 구한다. 가끔은 점심도 제대로 못 먹을 정도로 바빠 나를 돌아볼 시간도 없는 현실에 그냥 다 놔 버릴까 하는 생각도 든다. 하지만 나와 이야기하고 마음의 위안을 얻어 돌아가는 사람들을 보면 뿌듯해서 이 일을 계속하고 있다.

나는 내 직업에 만족한다. 그리고 거기서 수익을 창출해 내가 가장 사랑하는 세 아이들을 물심양면으로 건사할 수 있다는 사실이 가장 행복하다. 아이들은 가장 존경하는 사람으로 나를 꼽는다. 그 순간에는 더 바랄 것이 없다. 행복해서 미칠 지경이다.

나는 노후 대책만을 위해 열심히 일해 온 것이 아니다. 오직 내 아이들이 돈이 없어서 원하는 것을 못하게 되는 일은 없었으면 하는 바람에서다. 나의 희망이자 삶의 이유는 아이들이 완벽한 모습으로 세상에 나가는 것이다. 아무리 힘들어도 아이들을 생각하면 힐링이 된다. 그래서 더욱 강한 엄마로서 그리고 열정적인 공인중개사로서 살아갈 수 있다.

나도 어려운 때가 있었다. 남편이 도박으로 수십억 원을 한 번에 날렸다. 모든 것을 다 팔고도 수습이 안 되어 빚쟁이들 몰래 야반도주를 했다. 그때 돈의 소중함을 깨달았고, 돈이 없으면 아무것도 할 수 없다는 것을 뼈저리게 느꼈다. 악착같이 돈을 벌어야 한다는 생각뿐이었다. 이런 어려운 상황을 겪으면서 나를 다시 돌아보게 되었다. 그러면서 점차 다른 사람의 상황도 생각하는 여유가 생겼다.

나는 한 개의 부동산을 브리핑하기 위해 인터넷에서 얻은 정보를 여러 번 숙지한다. 시간이 없으면 주로 휴일 새벽을 이용해 갔던 곳을 또 가는 등 임장활동을 한다. 판교와 광교의 건설현장이 궁금해 잠을 이루지 못한 적도 있다. 일부러 시간을 내서 갔던 곳을 또 가며 아파트나 상가의 위치, 단독택지 위치 등을 살폈다. 분양사무실 오픈 때마다 발에 땀이 나도록 이곳저곳을 다니며 브리핑도 받고 그것들을 숙지해 나갔다. 그만큼 하나의 부동산을 매도하기 위해 피나는 노력을 한 것이다.

얼마 전, 공인중개소 창업자 중 80%가 1년 안에 폐업한다는 뉴스를 봤다. 남이 하니 나도 할 수 있겠다는 안일한 생각으로 시장 조사도 대충 하고 경험도 없이 일단 개업부터 하고 보니 실패하는 것이다. 그러면서 사무실 목이 안 좋다느니, 경기가 안 좋다느니 변명만 늘어놓는다. 성공한 사람들을 보면 원래 사무실 목이 좋아서라는 둥, 운이 좋다는 둥, 그쪽에 소질이 있는 사람이라는 둥 궁색한 시기심을 드러내기도 한다.

나는 그동안 부동산 운영에 대한 지식 없이 방향 설정도 제대로 하지 않은 상태에서 무턱대고 개업했다가 낭패를 보는 경우를 수없이 봐 왔다. 그렇게 폐업한 부동산 사무소들을 내가 임대를 놔 준 경우도 많았기 때문에 그들의 실상을 아주 잘 알고 있다.

나는 그런 사람들에게 순탄하게 개업해 잘 먹고 잘 사는 방법을 가르쳐 주는 멘토가 되어 주고 싶다. 부동산 경력만 20년이다. 강산이 두 번이나 바뀌었다. 그만큼 많은 노하우를 쌓아 왔다. 어떻게 하면 실패하고 어떻게 하면 성공하는지 차근차근 알려 주고 싶다.

무엇이든지 노력 없이 되는 일은 없다. 1%의 능력과 99%의 노력으로 성공을 일구어 내는 것이다. 나는 공인중개사를 준비하는 사람들의 멘토가 되고 싶다. 그들의 마인드를 진취적으로 바꾸어 주고 동기부여를 해 주고 싶다. 그들의 공인중개사 자격증이 장롱 속으로 들어가는 일이 없게, 그들이 성공하도록 코칭해 주고 싶다.

내가 운영하는 부동산 사무실에는 여러 부류의 사람들이 방문한다. 공인중개사가 찾아와 나의 노하우를 배우고 싶다고 청하는 경우도 종종 있다. 어떤 사람들은 월급을 받지 않을 테니 한 달만 근무하며 일을 배우고 싶다고 한다. 누구나 처음부터 잘할 수는 없다. 그런 사람들을 끌어 주고 안내해 주면 창업하는 데 많은 도움이 되고 꿈꾸는 삶을 살 수 있으리라 생각한다.

공인중개사로서 간과해서는 안 되는 부분이 있다. 바로 공인중개사는 다른 사람의 귀중한 재산을 움직이는 사람이라는 점이다. 거래금액 단위가 수억 원대이기 때문에 조금만 실수해도 엄청난 결과를 불러오게 된다. 그러니 간접적으로라도 많은 경험을 쌓아야 실전에 뛰어들었을 때 훨씬 수월하게 대처할 수 있다. 모든 것을 숙지하고 실전에 뛰어든다면 노련하게 대응할 수 있다. 돌발 상황에 바로 응대하지 못하고 횡설수설하는 것은 프로답지 못하다. 의연하게 대처하는 모습으로 고객들에게 만족을 줄 수 있어야 한다.

매일 똑같은 일상 속에서 보람된 일을 찾아 하는 것도 행복이 아닐까? 자신을 되돌아보고 내면에 있는 무한한 잠재력을 깨우는 일은 아주 중요하다.

처음부터 잘할 수는 없다. 내가 닦아 놓은 길을 그대로 차근차근 밟아 간다면 완벽하게 거듭날 수 있을 것이다. 나의 노하우를 배워 노력한다면 프로 공인중개사로서 완벽한 삶을 살 수 있을 것이라고 확신한다. 나는 대한민국 1등 부동산 창업 코치로서 부동산을 배우고자 하는 사람들에게 희망을 줄 것이다.

부동산 투자 전문가로서
사람들의 멘토 되어 주기

내가 부동산으로 경험을 쌓은 지도 수십 년이 되었다. 성사시킨 계약의 종류도 다양하다. 아파트, 상가, 분양권, 오피스텔, 다가구 주택, 점포, 토지, 빌딩, 경매 낙찰, 상가·토지 입찰 등 무수히 많은 계약을 성사시켰다. 그러면서 점차 내 생활도 많이 윤택해졌다.

나는 오전에 일어나면 경제신문부터 일반 신문까지 여러 종류의 신문을 읽는다. 많은 정보를 알고 고객을 대하는 것과 정보도 모르고 그때그때 응대하는 것은 하늘과 땅 차이이다. 그래서 아침에 일어나면 제일 먼저 경제신문을 본다. 경제 상황, 수출량, 금리, 분양 매물량, 상가 분양, 주식 동향, 세금 관계 등 내가 알고 있는 지식이 전부가 아니기 때문에 매일 바뀌는 정보를 숙지한다. 그 정보를 이용해 고객들에게 최선을 다해 상담해 준다. 그런 노력 덕분인지 만나는 고객들마다 나와의 상담에 흡족해한다. 나는 이 일을 하며 고객들과 희로애락을 함께해 왔다.

내가 만나는 사람들 중에는 투자를 잘못해 금전적으로 손실을 본 사람도 많다. 대출 이자가 버거워서 처리하듯 정리하는 데만 급급해 돈이 보이는데도 포기하는 경우도 많다. 이때 또 다른 사람은 기다렸다는 듯이 급매물을 잡아서 이득을 보는 경우도 많이 봐 왔다. 부동산이라는 것이 그렇다. 누군가는 손해를 보고 또 누군가는 이익을 보게 되어 있다. 내가 할 수 있는 것은 최대한 손해를 덜 보고 매도를 하거나 급매를 매수하는 시기를 잘 잡을 수 있게 도와주는 것이다.

내가 아는 한 아주머니는 교직생활을 하면서 한 푼 두 푼 모은 돈으로 부동산에 투자하기 시작했다. 부동산 경기가 좋을 때 아파트 분양권을 통해 많은 재미를 봤다. 그녀는 분양권으로 시세차익을 보기 위해 끊임없이 투자했다. 그리고 리먼 브라더스 사태 바로 직전에 30평대 아파트 두 채를 구입했다. 모두 분양가가 고가였다. 정리를 하려면 손해를 보고 팔아야 했고, 잔금을 치르려면 있는 돈 없는 돈을 모두 끌어모아야 했다.

그녀는 나에게 상담을 요청했다. 대출 60%에 회사 잔금 유예(잔금을 치르지 못하는 경우 시행사에서 20% 한도 내에서 잔금을 2년 연장해 주면서 소정의 이자를 받거나 무이자로 해 주는 조건)로 잔금을 치르는 게 좋을지, 잔금을 치르지 않고 매도해 조금 손해를 보는 게 나을지 물어 왔다. 나는 정리를 하는 것이 최선이라고 대답했다. 하지만 그녀는 손해를 보고 판다는 것이 내키지 않았나 보다. 결국 잔금을 치렀지만 아파트 가격은 손절매할 때보다 가격이 더 하락하고 말았다. 그녀는 나중에 우는 소리를 하며 "그때 박 사장 말을 귀담아들을걸."이라고 후회했다. 하지만 때는 이미 늦었다.

이런 경우도 있었다. 한 고객이 우연히 친구에게서 계약금 5,000만 원만 있으면 명품 아파트를 살 수 있다는 말을 들었다는 것이다. 모델하우스에 가서 보니 럭셔리하고 근사해 9억 원이라는 가격은 생각지도 못하고 덜컥 계약을 했다고 한다. 그런데 리먼 브라더스 사태와 겹쳐 가격이 계속 떨어지다 입주 시에는 1억 원 가까이 떨어졌지만 거래가 되지 않았다. 결국 손절매 당시 가격은 6억 2,000만 원으로, 엄청난 손해를 보고 말았다. 생각 없이 계약했다가 수억 원 손해를 보는 결과를 초래한 것이다.

이렇게 부동산의 흐름을 읽지 못하고 남의 말만 듣고 피해를 보는 경우가 굉장히 많다. 많은 사람들이 매도할 기회를 놓친 다음에야 땅을 치고 후회한다. 그런 경험을 한 뒤 부동산 투자를 할 일이 있거나 세를 놓을 일이 있는 사람들은 하나부터 열까지 나에게 멘토링을 해 줄 것을 요청한다. 나는 아무리 힘들고 바빠도 그들을 위해 기꺼이 상담해 준다. 어떤 때는 늦은 시간에 카페에서 만나 상담해 주기도 한다. 그리고 한편으로는 그런 사람들이 있어서 내가 여기까지 올 수 있었다는 것에 마음속으로 감사한다. 나는 그들에게 도움을 주기 위해 계속 노력할 것이다. 얼마나 급하면 나를 찾을까 하는 생각에 좀 더 도움을 주고 싶어진다. 그리고 나를 인정해 준다는 뿌듯함에 기분도 좋아진다.

부동산 투자를 해서 결과가 좋았던 경우도 많다. 남편이 변호사라 부유한 생활을 하고 있던 고객이 있었다. 마침 좋은 점포주택지가 나와 투자하기에 적합하다고 설명해 주었다. 수억 원은 있어야 하는 투자라 쉽게 결정하기 어려운 상황이었다. 하지만 확신이 있었기 때문에 자신 있게 권유했다. 고객도 기꺼이 제안을 받아들여 점포주택지를 샀다. 나의 판단대로 가격이 많이 올라 시세차익을 보게 되었다. 고객의 꿈은 평생 월세를 받으며 사는 것이라고 했다. 지금의 시세차익에 만족하지 않고 집을 지을 생각이라고 했다. 이렇게 조금만 생각을 바꿔도 평생 월세를 받을 기회를 잡는다.

내가 투자를 권유한 것들 중 높은 수익을 창출한 것들이 무수히 많다. 몇 년 전, 오피스텔에 투자했던 경우를 이야기해 보겠다. 초기 자금은 계약금 2,000만 원으로, 권리금이 6,000만 원까지 가면서 많은 시세차익을 봤다. 그때 당시 경기가 그렇게 좋은 상황도 아니어서 긴가민가했던 고객들은 아주 기뻐했다. 이렇듯 기회만 잘 잡으면 돈을 많이 들이지 않고도 시세차익을 누릴 수 있다. 얼마나 행복한 일인가? 내가 바라는 것이 이런 것이다.

부동산을 운영하다 보면 정말 황당한 일이 많다. 땅 투자를 하고 싶은데 지분으로 10평씩 소액 투자하는 것이 어떠냐는 둥, 길도 없는 맹지를 400만 원에 사려고 하는데 괜찮겠냐는 둥, 기획부동산의 그럴싸한 사탕발림에 속아서 땅을 사고 후회하는 사람들을 무수히 본다. 이렇듯 전혀 준비도 없이 시장에서 내키는 대로 물건을 집듯 일을 저지른다. 제발 부탁이니 모르면 근처 부동산에라도 가서 알아보고 선택해라. 전화 한 통만 해 봐도 손해 볼 일은 없다.

내가 부동산 투자자의 멘토가 되기를 자처한 이유는 간단하다. 오랫동안 부동산에 몸담아 왔고 큰 금액이 왔다 갔다 하는 일이라 나에게 투자하는 것이 아니더라도 성심을 다해 상담해 주다 보니 나를 전적으로 신뢰하게 된 고객들이 많기 때문이나. 그런데 평택으로 부동산 사무실을 옮기면서 그동안 거래했던 고객들과 헤어지게 되었다. 그들은 "박 사장을 못 보니까 우울증이 생겼네.", "엄마를 잃은 것 같다."라면서 하루라도 내 목소리를 들어야 기분이 좋다고들 한다. 조금 귀찮을 때도 있지만 마음이 뿌듯해진다.

나는 부동산 투자자들의 멘토가 되고 싶다. 그러기 위해서 내가 할 수 있는 일은 정해져 있다. 지금까지 많은 경험을 토대로 쌓아 온 노하우들을 그들에게 알려 주는 것이다. 의사가 환자의 병을 치료해 주는 것처럼 나도 고객들의 마음을 어루만져 주고 좋은 투자처를 확보해 그들이 부를 만들어 가는 데 도움을 주고 싶다.

1년에 한 번
해외여행 다녀오기

　나는 어린 시절 그다지 행복하지 않았다. 일주일에 한 번 정도는 술에 취해 주정하는 아버지, 그리고 그런 아버지와 고래고래 소리를 지르며 싸우던 어머니의 모습이 아직도 생생하다. 그래서 나는 누가 소리만 질러도 그때의 일들이 떠오르면서 울렁거린다.

　나는 어린 시절 부모님과 여행을 가 본 적이 없다. 먹고살기 바쁘다 보니 가까운 곳으로의 소풍도 나에게는 상상조차 할 수 없는 일이었다. 그 흔한 김밥 한번 싸서 놀러 간 기억이 없다. 아침에 일어나 밥 먹고 군소리 없이 있는 게 최선이었다. 뜨거운 여름에도 땀을 흘리며 문을 꼭 닫고 틀어박혀 있는 게 맞는 줄 알았다. 방학 때도 어디 가 본 적이 없으며 집에 가만히 있는 게 휴식인 줄로만 알았다. 해외여행은 상상조차 할 수 없었다.

결혼 초, 해외는 아니지만 여행을 많이 다녔다. 어린 딸을 이끌고 전국 방방곡곡 안 가 본 데가 없을 정도로 돌아다녔다. 내 딸이 나와 똑같은 어린 시절을 보내게 하기 싫었다. 그러면서 나 또한 여행을 다니는 즐거움에 흠뻑 빠졌다. 한번은 큰딸에게 여행 갔던 곳 중 어디가 가장 기억에 남는지 물었다. 그런데 딸은 너무 어렸을 때라 기억이 나지 않는다고 했다. 여행을 많이 다녔는데도 안 가 본 아이들과 다를 게 없었다. 그래서 여행을 가더라도 아이들이 어느 정도 커서 기억을 할 수 있을 때 가야 된다는 생각을 하게 되었다.

30년 전, 우리 부부는 베어스타운 콘도를 샀다. 그때 가격이 2,000만 원 정도였는데 당시 고덕 주공아파트 가격과 비슷했다. 콘도 가격치고는 굉장히 비싼 가격이었다. 콘도 영업하는 친구가 권유한다고 남편이 하도 사자고 졸라서 사게 되었는데 가격은 그때나 지금이나 똑같다. 지금 고덕 주공아파트가 7~8억 원 정도하니 투자를 잘못하면 어떻게 되는지 여실히 보여 주는 케이스다. 여행도 다니고 스키도 타기 위해 장만한 콘도였는데 그다지 많이 다니지 못했다. 여행을 자주 다닐 수 있다는 생각에 실수한 것이다. 지금 내가 부동산 중개를 하다 보니 콘도를 사지 않고 아파트에 투자했다면 돈이 얼마인데, 하며 자꾸 계산하게 된다.

나는 사이판, 홍콩, 뉴질랜드, 일본 등에 가 봤다. 많은 곳을 다닌 것은 아니지만, 새로운 곳에 가 본다는 기쁨에 늘 설레었다. 그리고 가족 간에 돈독한 정이 더 쌓였다.

내가 처음 비행기를 타고 여행을 간 곳은 아름다운 바다가 펼쳐진 사이판이었다. 이래서 여행을 오는구나, 싶을 정도로 아름다웠다. 처음 당도한 마나가하 섬은 지금도 잊을 수가 없다. 얕은 수심의 에메랄드빛깔 바다가 너무 아름다웠다. 물고기들이 사람을 봐도 도망가지 않고 여유롭게 헤엄쳐 다녔다. 수경으로 그 모습을 구경하며 마치 천국에 와 있는 듯 흥분되었다. 나는 감탄을 연발하면서 이런 기회를 많이 만들리라 다짐했다.

얼마 안 있어 둘째를 가졌고 이래저래 시간이 흘렀다. 그리고 5년 뒤 셋째를 가졌다. 나는 아들이 생기자 직장도 그만두었다. 내가 처음이자 마지막으로 신생아를 키워 본 경우다. 두 딸은 일이 바빠 거의 친정엄마와 도우미가 키웠다고 해도 과언이 아니다. 아이들을 키우다 보니 해외여행은 생각하기도 어려워졌다.

내가 지금도 잊을 수 없는 곳은 뉴질랜드다. 처음에는 투자이민을 계획하고 여러 여건상 떠나올 즈음 추억을 만들자는 생각에 한 달 동안의 여행을 계획했다. 나와 두 딸과 아들, 그리고 랭귀지 스쿨을 같이 다녔던 린다와 여행을 시작했다. 나의 애마 혼다오딧세이 7인용을 타고 여행을 떠났다.

뉴질랜드를 여행하면서 우리는 많은 추억을 남겼다. 여행지에서 한국처럼 수돗물을 틀어 놓고 설거지하다가 아이들이 혼나고 엉엉 울었던 일, 단호박을 익힌다고 30분이나 전자레인지를 써서 캠핑장의 다른 여행객들에게 민폐가 되었던 일, 딸아이의 번지점프 체험, 헬리콥터에서 낙하산을 타고 내려온 일, 사막에서 미끄럼을 탄 일, 빙하 구경, 바다표범투어, 양털 깎기 체험, 직접 체리를 따서 아이스박스에 가지고 다니면서 먹었던 일 등 이루 다 말할 수 없는 추억을 담아 왔다. 그렇게 한 달 동안 쌓은 추억들은 10년이 훨씬 넘은 지금까지도 이야기꽃을 피우게 한다.

나는 지금까지 한 곳만 바라보고 열심히 살았다. 열심히 사는 것도 중요하지만 계획을 세워서 차근차근 해 나간다면 더없이 뿌듯할 것이다. 그래서 버킷리스트에 해외여행을 넣었다. 무언가를 체험하고 느낀다는 것이 얼마나 소중하고 행복한 일인지 잘 알기 때문이다. 한 달씩 여행하는 것이 불가능할 수도 있다. 그러니 현실성 있는 계획을 세워서 꼭 해외여행을 떠나고 싶다.

최근에는 대마도 여행을 다녀왔다. 계획한 것은 아니었다. 고등학교 동창이 명절이 다가오니 우울하다면서 갑자기 '번개'를 쳤다. 생각할 것도 없이 무조건 따라간다고 1등으로 신청했다. 그렇게 여고 동창생 4명이 대마도로 출발하게 되었다. 그리고 또 하나의 추억을 만들고 왔다. 가슴에 있던 응어리가 다 풀려 나가는 순간이었다. 이 맛에 여행을 한다는 생각에 힐링이 되었다. 패키지로 온 다른 팀과 합류해 같이 어울리며 즐겁게 이틀을 보냈다. 비록 1박 2일이었지만 다음에 또 한 번 뭉치자는 약속까지 하면서 새로 만난 사람들과도 금방 친해졌다. 집도 사무실도 잠깐이라도 내려놓고 놀 수 있어서 좋았다.

나는 가족들이나 친구들과 가는 여행도 좋아하지만 혼자만의 여행도 원한다. 여행지에서 서로를 알아 가고 진지한 대화를 나누는 시간도 좋고 나만의 시간도 갖고 싶다. 무언가 체험하고 느낄 수 있다는 것이 얼마나 행복한 일인지 깨닫게 되었다. 삶에 지쳐 있을 때 여행은 꼭 필요하다고 생각한다. 한 달씩 여행할 수 있을 정도로 여유가 없다면 짧은 여행이라도 할 계획이다.

추억은 돈을 주고 살 수 있는 것이 아니다. 내가 경험해야만 생기는 귀중한 것들이다. 이제껏 쉼표 없이 달려온 나에게 귀중한 선물을 주고 싶다. 세 아이의 뒷바라지도 물론 중요하지만 '나'라는 존재는 더 소중하다. 나는 나에게 1년에 한 번씩 해외여행이라는 값진 선물을 줄 것이다.

내 아이들을
세상에서 가장 행복하게
만들어 주기

내가 세상에 태어나서 가장 잘한 일은 바로 사랑하는 세 아이를 낳고 기른 것이다. 아이들은 지금까지 힘들고 어려웠던 내 삶의 버팀목이 되어 주었다. 나는 아이들에 대한 사랑이 누구보다 진하다. 그러다 보니 그 사랑이 집착으로 변하기도 했다. 나는 그것을 전혀 깨닫지 못했다. 돈으로 해 주는 것이 내가 베풀 수 있는 무조건적인 사랑이라고 생각했다. 그래서 아이들이 그것을 맹목적으로 따라 주기를 바랐다.

첫째 딸을 낳고 나는 거칠 게 없었다. 아이를 어떻게 교육시켜야 좋은지, 어떤 방향으로 가는 것이 옳은지 기준이 없었다. 돈도 있겠다, 아이를 위해서 무엇이든지 다 해 주고 싶었다. 내가 어린 시절 불우했기에 더욱 모든 것을 돈으로 해결하려고 생각했는지도 모른다. 나는 남보다 물질적으로 더 해 주는 것이 아이들에게 잘해 주는 것이라고 생각했다. 지금 생각해 보니 내가 봐도 심할 정도로 아이들 교육에만 매달렸다.

큰딸은 세 살 때부터 이미 유치원, 미술학원, 피아노학원, 영어학원 등에 다녔다. 내가 직장에 다니느라 놀아 주지 못하니 학원이라도 다니며 친구들을 만나 노는 것이 아이에게 더 바람직할 것이라 생각했다. 아이가 초등학교에 들어가면서부터 교육에 대한 내 집착은 더욱 심해졌다. 당시 사립초등학교 등록금은 월 80만 원 정도였고, 거기에다 매일 종류별로 과외를 시켰다. 과외선생님이 거의 매일 집으로 방문했다. 플루트, 바이올린, 피아노, 미술, 논술, 맨투맨 캐나다 원어민 회화, 영주권자와의 문법수업, 성악 등 셀 수 없이 많았다.

이는 대치동으로 이사 가면서 더 심해졌다. 한 달에 과외비로만 수백만 원을 들여도 하나도 아깝지 않았다. 다른 아이가 뭘 잘한다더라, 하면 그것도 알아보고 아이에게 시켰다. 그것이 사랑이라고 생각했다.

큰딸은 쇼트트랙을 하고 있어서 새벽 5시에 일어나 저녁까지 스케줄이 빡빡했다. 이동하는 시간조차 아까워 학교 수업이 끝나는 시간에 맞춰 데리러 갔다. 과외 시간에 맞추기 위해서였다. 밤

11시 전에 잠을 자기란 불가능했다. 아이는 미술, 논술, 영어, 음악 등 닥치는 대로 상장을 가져다주며 잘 따라와 주었다. 한 번 되기도 힘든 회장, 부회장을 매년 맡아 나를 기쁘게 해 주었다.

며칠 전, 큰딸에게 "너는 엄마가 어떻게 해 줄 때가 가장 행복하니?"라고 물었다. 큰딸은 잠깐 생각하는 듯싶더니, 엄마가 모든 교육을 받게 해 줘서 고맙긴 한데 그게 행복하지만은 않았다고 답했다. 가장 기억에 남고 행복하다고 느꼈을 때는 함께 여행하거나 같이 음식을 먹으러 다녔을 때라고 했다. 이어서 큰딸은 담담하게 말했다. 그때는 왜 그렇게 나를 때렸냐고, 엄마가 너무 심했다고. 가슴이 아팠다. 나는 어떤 때는 아이를 윽박지르기도 하고 어떤 때는 회초리도 서슴지 않았었다.

둘째 딸의 경우는 조금 달랐다. 다섯 살 터울로 태어난 둘째는 내가 워낙 큰딸 교육에 집착하다 보니 챙겨 주기 힘들어 친정엄마에게 맡겼었다. 아이가 태어나면서부터 다섯 살까지 내 손으로 직접 키우지 않아 그 시절의 추억이 없다는 사실에 아직도 마음이 아프다.

둘째가 다섯 살이 되면서 교육문제도 있고 해서 서울로 데리고 왔다. 첫째 딸만큼 신경을 많이 써 주지는 못했다. 돈도 벌어야 했고, 큰딸의 쇼트트랙 훈련에 항상 따라다녀야 되는 바람에 더욱 소홀할 수밖에 없었다. 둘째는 큰딸처럼 의욕이 있는 아이가 아니어서 그런지 나도 흐지부지 손을 놔 버렸다.

게다가 남편의 도박으로 가정 형편이 어려워지면서 아이를 지원해 줄 형편이 되지 않았다. 엄마 마음을 알기라도 하듯, 둘째는 뭐든 적극적이지 않고 하기 싫어했다. 돈 들어가는 게 겁이 날 때 알아서 과외를 다 끊어 준 둘째 딸이 고마웠다. 아이는 그래도 잘 자라 주었고, 누구보다 엄마를 아껴 주고 집안 살림도 묵묵히 해 주었다.

거기다 둘째 딸은 뉴질랜드에 2년 다녀온 결과, 공부를 썩 잘하지 못했음에도 불구하고 수시로 대학에 합격해 4년 동안 전액 장학금을 받고 다녔다. 지금은 엄마를 도와주면서 가끔 집안 살림도 해 준다. 주말이면 틈나는 대로 함께 영화도 보러 가고 맛집도 다니면서 많은 대화를 나눈다.

나는 내 생활 중 아들을 1순위로 꼽는다. 아들은 내 눈에 마냥 순수하고 예쁘게만 보이고 나와 대화도 허심탄회하게 나누는 편이다. 하나부터 열까지 딸들과는 다른 느낌이다. 두 딸은 신생아 때 친정엄마가 길러 주셨지만 아들은 내가 직접 키웠다. 딸들은 동생이 마마보이 기질이 있다고 걱정하지만 난 아들이 하는 것은 무엇이든 다 좋다. 공부를 못해도 본인이 원하는 것은 다 해 주고 싶다.

나는 아들이 학원이나 과외를 하다가도 본인이 싫다고 하면 원하는 대로 해 주었다. 옳든 그르든 아들의 의견이라면 무조건적으로 들어주었다. 아들은 집에 혼자 있는 것을 싫어한다. 고등학교에 들어갈 때까지도 내가 직장을 다녀서 거의 혼자 외롭게 자랐다. 그래서 엄마와 있는 것을 정말 좋아한다. 나는 일이 없는 경우 거의 아들과 지내는 편이다. 아들에게 내 모든 것을 맞춰 생활한다.

나는 사회생활을 오래 했다. 아들을 낳았을 때 1년 정도, 그리고 뉴질랜드에서 생활한 2년을 제외하고는 거의 일만 했다. 밖에서는 완벽하지만 가정에는 소홀해 모든 집안일에 서투르다.

나는 아이들의 행복의 기준을 몰랐다. 그냥 물질적으로 지원해 주면 된다고 생각해 아이 입장에서는 깊이 생각하지 않았다. 그래서 지금은 많이 대화하기 위해 아이와 영화도 보고 카페도 가고 드라이브도 하면서 속에 있는 이야기를 들어 본다. 내가 모르고 있던 아이의 진짜 속마음에 대해서 좀 더 알 수 있기 때문이다. 아이들은 집에서는 별말 없다가도 이상하게 밖에 나가면 이야기보따리를 풀어놓는다.

아이들을 행복하게 해 주려면 내 만족이 아니라 아이들이 원하는 것을 해 줘야 한다는 사실을 이제야 깨달았다. 그래서 나는 아이들과 좀 더 행복해지기 위해서 노력할 것이다. 내가 아니라 아이들이 원하는 것을 이루도록 물심양면으로 도울 것이다. 그리고 아이들이 행복해지는 것에 대해 생각하고, 그렇게 해 줄 것이다.

　이번 설 연휴에 큰딸은 일본으로, 작은딸은 홍콩으로 여행을 떠났다. 내가 어렸을 때는 꿈도 꿀 수 없었던 일이다. 두 딸은 사람과 대화할 때 많은 이야깃거리를 만들려면 해외도 많이 나가야 된다고 항변한다. 그렇든 그렇지 않든 나는 아이들을 위해서 다 해줄 것이다. 아이들이 행복해진다면 무엇이든 해 주고 싶다. 그게 엄마의 마음이다.

나만의
별장 짓기

　세상은 넓고 할 것도 많고 사고 싶은 것도 많다. 나는 돈을 버는 데 많은 열정을 쏟았다. 그만큼 갖고 싶은 것도 많지만 그중 가장 원하는 것은 전망 좋은 곳에 있는 나만의 별장이다. 나는 가끔 조용한 곳에서 안정을 취하고 싶다. 멀리 가지 않고 나만의 일에 몰두하거나 혼자만의 시간을 가지며 쉬고 싶을 때도 있다. 하지만 그럴 만한 곳이 없다. 먹고살기 바쁘다 보니 그런 데 신경 쓸 겨를이 없었다. 그럴 정도의 능력과 형편이 못 되었다는 것이 더 현실성 있는 이유다.

　억만장자는 아니지만 그래도 아이들과 적당히 즐기며 살아갈 정도의 돈은 모았다. 시간적 여유만 있다면 해외여행을 가는 것도 어렵지 않다. 하지만 내가 판단하기에 아직 별장을 지을 정도의 능력은 안 된다. 나만의 별장을 갖는다는 것은 그만큼 돈이 필요하니 불가능할 것이라 생각했다. 그래도 언젠가는 꼭 나만의 별장을 갖고 싶었다.

나는 하루를 36시간처럼 쓴다. 그만큼 매일 바쁘게 움직인다. 매일 아침 5시 30분에 기상해서 10분 동안 스트레칭을 한 뒤, 30분 동안 신문을 읽는다. 그다음 딸들에게 줄 주스를 만들고, 아들의 아침식사를 준비한다. 그리고 로봇청소기를 돌리고, 아들 종아리를 마사지해 준 뒤 식사를 차려 준다. 그리고 나서야 샤워를 한다. 그리고 사무실에 가서 먹어야 할 점심 도시락을 준비한다. 길고 긴 아침시간을 마무리하고 출근하는 길에 헬스장에 들른다. 요즘은 책 읽기, 〈한국 책쓰기 성공학 코칭협회(이하 한책협)〉 카페 활동 등으로 더욱 바빠졌다. 정말 부지런하게 열심히 살았다고 자부한다.

나는 가끔 카페에 가서 휴식을 취하거나 혼자 영화를 보기도 한다. 어떨 때는 이곳저곳 드라이브를 하면서 큰 소리로 노래도 부르고 혼자 떠들기도 한다. 그렇게 혼자 드라이브를 다니면서도 새로운 곳에 가면 임장활동을 한다. 직업병이라고 할 수 있다.

집에 가면 가족들과 시간을 보내는 것이 좋을 때도 있지만 가끔은 귀찮게 느껴지기도 한다. 무작정 혼자 있고 싶을 때가 있다.

특히 요즘 들어 글을 쓰면서 신경 쓸 게 많고 성가신 일이 많다는 것을 새삼 깨달았다.

나만의 공간에서 다른 사람들을 의식하지 않고 커피나 와인을 마시고 싶다. 가끔은 여유롭게 산책도 하고 친구들과 모여서 깔깔 대며 하얗게 밤을 지새우고 싶다. 책을 쓰면서 시간을 보내거나 아이들과 즐거운 시간을 갖고 싶다. 거기까지 생각하니 가슴이 쿵쾅거린다. 당장 나만의 별장을 머릿속에 그려 본다. 그림 같은 집을 지었다 부쉈다 하면서 그 집 안에 내가 들어가 있는 모습을 상상해 본다.

나는 아담하더라도 모든 것을 다 갖춘 럭셔리한 집을 갖고 싶다. 수백 평대 대지를 원하지는 않는다. 작은 집이라도 꼭 바다가 보여야 한다. 남들처럼 전원주택 마당에 텃밭을 꾸미고 싶지는 않다. 그냥 쉬고 싶을 뿐이다.

20년 전, 리조트 사업을 하는 지인의 가평 별장에 간 적이 있다. 별천지가 따로 없었다. 별장 앞 호수에는 주변 숲의 나무들이 비쳐 한 폭의 그림 같았다. 우리는 바비큐 파티를 하고 호수에 나가서 다 같이 럭셔리한 모터보트를 탔다. 보트가 호수를 가르며 튀는 물방울이 햇살을 받아 반짝반짝 빛나 아름다웠다. 우리는 제트 스키도 타면서 1박 2일을 보냈다.

그때 가 봤던 그곳은 아직도 나의 로망이다. 그 집은 엄청난 크기의 저택이었는데, 나는 그렇게까지 큰 집은 바라지 않고 아담하게 짓고 싶다.

뉴질랜드에 거주할 때는 집을 사기 위해서 100채 이상의 집을 보러 다녔다. 전망 좋은 집, 튼튼한 집, 오래된 집 등 많은 집들을 보면서 그중 전망 좋은 집에 관심을 가지게 되었다. 뉴질랜드에서는 한국처럼 아파트가 아니라 100년씩 오래된 집을 더 선호한다. 그리고 바닷가를 끼고 있는 집이 더 비싸게 거래된다.

바다가 보이던 뉴질랜드의 그림 같은 집들을 지금도 잊을 수가 없다. 특히 북섬 롱베이 부근의 집들은 하나같이 근사하고 멋있었다. 그래서 부동산 가격도 만만치 않았다. 그곳에서도 부동산 큰손들이 부동산을 사재기하는 풍경을 볼 수 있었다. 한국 사람들은 부동산 투자에 정말 적극적이었다. 바닷가 집들은 한국 사람들의 사재기 덕분에 천정부지로 가격이 올랐다.

한번은 뉴질랜드에서 남편 선배의 집에 초대받아 간 적이 있다. 서양이 질 때쯤 방문했는데, 바다의 전경이 말로 표현할 수 없을 정도로 아름다웠다. 시간에 따라 그 색은 점차 오묘하게 변했다. 마치 해가 바다에 빠져 들어가는 것처럼 보였다. 거실에서 바라보는 바다의 풍경은 황홀함 그 자체였다. 그 아름다움에 반해 탄성이 절로 나왔다. 집에 앉아서 바다를 영화처럼 본다는 것이 너무 좋았다. 아직까지 그렇게 멋있는 집을 본 적이 없다.

나는 유난히 전망 좋은 집을 좋아한다. 나에게는 시간을 내서 어디를 간다는 것이 쉽지 않다. 시간의 여유가 있는 사람들은 원할 때마다 여행을 떠날 수 있지만, 나처럼 일하느라 바쁜 사람이라면 일정을 정해서 어딘가로 떠나는 것이 어렵다.

그래서 나는 꼭 별장을 갖고 싶다. 그곳에서 〈한책협〉을 통해 나의 행복의 기준이 된 글쓰기에 전념하면서 나만의 시간을 만들어 가고 싶다. 오롯이 나 혼자만을 위한 시간을 가지고 싶다. 이제껏 열심히 살았고 아낌없이 베푼 나에게 그냥 꿈으로만 마무리짓지 않고 꼭 선물을 주고 싶다. 별장을 가지게 되는 그날이 빨리 오길 바란다.

버

킷

리

스

트

11

PART 2

작가, 강연가,
1인 창업가로서
반드시 성공하기

이 지 연

이지연

'고덕일번지부동산' 대표, 평택발전위원회 임원, 동기부여가, 자기계발 작가

20년간 부동산을 운영한 성공한 부동산 투자가다. 네이버 카페 '30대 부동산 투자로 부자 되기'를 운영하며 더 많은 사람들이 부자가 되어 행복한 삶을 살 수 있도록 돕는 투자가이자 동기부여가로 활동 중이다. 현재 부동산에 관련된 개인저서를 준비 중이다.

E-mail sunsunoghi@naver.com
Cafe cafe.naver.com/anyomnia
SNS ijiyeon8008
C·P 010·5396·7895

캐나다 웨스트 밴쿠버의
대저택에서 살기

우리 가족은 원래 경기도에서 살았다. 큰아이가 중학교에 입학할 즈음 강남으로 갈지, 캐나다로 갈지를 두고 고민했다. 여기저기 알아 보다 결국 캐나다로 유학을 보내기로 결정했다. 우리는 캐나다 웨스트 밴쿠버로 향했다. 그곳은 정말 좋은 곳이다. 언덕에 오르면 태평양이 한눈에 들어온다. 태평양을 끼고 도는 해안도로는 환상적이다. 생활수준이 높고 깨끗한 도시로, 특히 여름 날씨는 신이 내린 축복 그 자체다.

처음에는 아파트에서 월세를 내고 살았다. 8층 건물에 층마다 10호까지 있는 아파트로, 이곳에서는 '콘도미니엄'이라고 한다. 당시 월세는 160만 원이었다. 이곳의 아파트는 대부분 방이 2개이고, 주로 가난한 사람들이 산다. 아파트의 주인은 이란 사람이었다. 캐나다에는 이란의 정치인들이 망명 와서 사는 경우가 많다. 그 동네는 한국 사람이 80%였다. 하도 한국 사람이 많으니 여기가 한국인지 캐나다인지 분간이 안 될 정도였다.

나는 영어 공부를 위해 커뮤니티 센터에 다녔다. 그곳에는 한국 엄마들이 많았는데, 강남 타워팰리스에서 살았던 사람도 있었다. 그녀는 태평양이 보이는 투 베드 아파트 분양권을 샀는데 엄청 올랐다고 자랑했다. 나는 그때부터 아파트와 주택 분양권을 알아보러 다니기 시작했다.

나는 한국 사람이 하는 부동산에 전화를 걸어 몇 집을 소개받았다. 유독 한 집이 내 마음을 사로잡았다. 창밖으로 태평양이 펼쳐진 풍경을 볼 수 있는 아파트였다. 도서관이 바로 옆에 있어서 아이들이 공부하기에도 좋았다. 작지만 우리 세 식구가 살기에 딱 좋았다. 무엇보다도 틀림없이 차액을 남길 수 있는 아파트라는 감이 팍 왔다. 20년 된 아파트지만 관리가 철저히 되어 있어서 10년도 안 된 깃처럼 깨끗했다. 또한 집주이이 팔기 위해 전체를 리노베이션한 점도 마음에 쏙 들었다.

"사장님, 저 그 집 살게요. 집도 마음에 들지만 앞으로 차액을 많이 남길 수 있을 것 같네요. 제가 오를 만한 집을 보는 안목이 있거든요."

"혹시 한국에서도 투자를 많이 해 보셨나요? 말씀하시는 거나 판단하시는 게 보통 주부들과는 다르시네요. 집을 보는 안목도 보통이 아니시고요."

나는 그날 바로 계약했다. 부동산 중개인도 내 추진력에 적잖이 놀랐다. 하지만 내가 누구인가? 한국에서도 부동산 투자로 이름을 날리던 이지연이 아니던가? 그렇게 집을 사서 이사를 하고 행복한 나날을 보냈다. 아이들은 캐나다 교육에 만족하며 나름대로 잘 적응했다. 캐나다 학교는 아침 8시 30분에 수업을 시작하고 오후 2시 50분에 수업이 끝난다. 나는 오전에 아이들을 학교에 보낸 뒤 골프도 치고 영어도 배웠다. 한국 엄마들과 만나 브런치를 즐기기도 하면서 한가롭고 평화로운 시간을 보냈다. 오후에는 아이들이 학교 수업을 마치고 돌아오면 각자 학원에 데려다주고 다시 데려오는 일을 반복했다.

그렇게 1년쯤 지냈을까, 한국에 있는 남편에게서 전화가 왔다. 기러기 아빠로 살고 있는 남편은 한국에서 회사를 운영하고 있다. 그런데 회사 사정이 어려워졌다는 것이다. 자금 부족으로 직원들에게 이번 달 월급을 주지 못했단다. 앞으로도 돈을 구하지 못하면 그동안 공들였던 모든 것이 무너져 회사가 망하게 될 것이라고 했다. 남편은 미안하지만 지금 살고 있는 집을 팔아 돈을 보내 달라고 말했다. 한국의 아파트를 부동산에 내놓았는데 월세를 놓고 있는 데다 대형이라 잘 팔리지 않는다고 했다.

나는 부동산에 전화를 걸었다. 급하게 집을 팔고 싶다고 했다. 부동산 중개인은 놀라면서 지금은 우기인 데다 추워서 집이 잘 안 팔리는 시기라고 했다. 캐나다는 11월에서 3월까지 우기다. 비가 추적추적 내리고 춥고 어두워서 집을 사고파는 일이 드물다고 했다. 봄까지 기다려야 한다는 것이다. 나는 그래도 일단 높은 가격으로 팔아 달라고 했다. 부동산 중개인은 어이없어하면서도 일단 알았으니 오픈 하우스 날짜를 잡자고 했다. 캐나다에서는 오픈 하우스라고 해서, 날을 잡아 집을 보러 오는 사람들에게 개방한다. 깨끗이 청소해 두는 것은 물론, 빵을 구워 좋은 냄새를 풍기기도 한다.

나는 그 주 일요일로 오픈 하우스 날짜를 잡았다. 모든 준비를 철저히 하고 전날 늦게까지 하나님께 기도를 드렸다. 아침에 눈을 뜨니 비가 내리고 있었다. 비 때문에 사람들이 오지 않을 것이란 생각에 울고 싶어섰나.

오픈 하우스 때는 주인은 나가고 부동산 중개인이 집을 보여 준다. 시간이 되어 나는 아이들과 집을 나서 교회로 향했다. 교회에서도 계속 기도했다. 오후가 되니 날씨가 화창해졌다. 느낌이 좋아서 부동산 중개인에게 전화했더니 한 사람도 오지 않았다고 했다. 다리가 풀리고 맥이 빠져 아무 생각도 들지 않았다. 집으로 돌아오니 부동산 중개인이 오후 늦게 한 사람이 왔는데 내가 제시한 금액과 잔금날짜를 맞춰 주겠다고 했단다. 내가 원한 금액은 살 때보다 2배 높아 중개인도 잘 안 팔릴 것이라고 했었다. 그런데 그 가격에 팔린 것이다. 나는 무사히 집을 팔았고, 그 돈을 남편에게 부쳐 주었다.

문제는 그다음이었다. 나는 급한 마음에 잔금을 12월 10일에 달라고 하고 그 날짜에 집을 비워 주기로 했다. 그런데 캐나다에서는 보통 1일이나 말일에 이사하기 때문에 우리가 살 집을 찾을수가 없었다. 이사 날짜는 다가와 집을 비워 줘야 하는데 아이들과 내가 갈 곳이 없었다. 길거리에 나앉을 수 있다는 불안감 속에 하루하루가 지나갔다.

나는 웨스트 밴쿠버 해안가를 울면서 걸었다. 그리고 기도했다. 아이들과 내가 어떻게 해야 할지 하나님께 답을 구했다. 그날 저녁, 예전에 보았던 집의 관리인에게서 전화가 왔다. 우리가 본 집은 아니지만 5층에 한국 사람이 사는데, 그 사람들이 12월 초에 이사를 간다고 들었다는 것이다. 다음 세입자는 없다고 했다.

나는 한걸음에 관리인에게 달려갔다. 그 집 부부는 두 아들을 미국 아이비리그에 보내고 자신들은 다시 한국으로 돌아간다고 했다. 관리인은 집주인 전화번호를 줄 테니 전화해 보라고 했다. 주인은 이란 사람이었다. 주인은 지금 세입자가 나가면 수리를 해서 좀 비싼 가격에 집을 내놓으려고 했단다. 일단 만나서 이야기하기로 하고 아들과 함께 만났는데, 알고 보니 아들의 선생님의 어머니셨다. 우리의 사정을 이야기하고 제발 돈은 올리지 말고 10일에 맞춰 집을 세놓아 달라고 매달렸다. 그녀는 한참 생각하더니 자신들도 처음 캐나다에 왔을 때 힘들었다고 하면서 그날 이사 오라고 했다. 그렇게 12월 10일, 우여곡절 끝에 이사를 했다. 나는 하나님이 도우셨다고 굳게 믿는다. 다른 것으로는 답이 나오지 않기 때문이다.

그곳에서 우리는 한국으로 돌아올 때까지 약 4년을 살았다. 너무나 멋진 태평양 풍경이 보이는 곳이었다. 서쪽으로 난 창문 너머로 해가 지는 풍경은 날마다 달라 유명한 캐나다 화가 에밀리 카가 말한, "그림을 그리지 않고는 배길 수 없는 지경"이라는 말이 실감이 났다. 어떻게 매일 구름과 지는 해가 어우러져 그렇게 아름다운 그림을 만들어 냈을까? 정말 그리운 곳이다.

나는 그곳에 360도 뷰가 보이는 대저택을 살 것이다. 작열하는 7월의 태양을 만끽힐 것이디. 돈이 없어서 하지 못했던 것들을 돈을 펑펑 쓰면서 다 해 볼 것이다.

청담동에 대저택 갖기

연예인 신애라, 차인표 부부가 청담동에 멋진 빌딩을 지었다고 한다. 그 빌딩의 가격은 약 250억 원이라고 한다. 원래 그 땅은 8가구의 연립주택이 있던 곳이고, 그중 1가구의 주인이 바로 나였다.

나는 결혼 전부터 부동산에 관심이 많았다. 나에겐 꿈이 있었다. 바로 아파트를 사는 것이었다. 아파트를 사서 세를 주면 많이 오를 것 같았다. 어떻게 그런 생각을 했는지 모르겠다. 친구가 잠실 시영아파트(지금의 트라지움아파트)에 살아서 그 아파트에 자주 갔었다. 당시는 계를 해서 돈을 모았다. 열심히 곗돈을 부어서 탈 때쯤 나는 그 아파트를 사기로 결정했다. 그래서 엄마에게 의논을 드렸다.

"엄마. 나 이번에 곗돈 타면 그 돈으로 잠실 시영아파트를 전세 끼고 사 둘까 해요."

"아니, 그거 엄마가 좀 써야 돼. 돈 쓸 데가 많아서 그 돈은 내가 쓰고 나중에 갚아 줄게."

"그래요. 알았어요. 다음에 기회를 봐야지, 뭐."

나는 어쩔 수 없는 일이라고 스스로를 위로했다. 그런데 이런 일이 반복되었다. "언니가 시집을 가야 하는데 목돈이 없다. 나중에 엄마가 갚아 주마.", "오빠가 사업을 하는데 돈이 모자라서 큰일 났다. 나중에 엄마가 갚아 주마." 등 목돈이 되는 시점에 항상 큰일이 생겼다. 나는 어렸고, 예나 지금이나 엄마 말씀을 거역하는 법이 없었다. 결국 잠실 시영아파트는 사지 못하고 결혼했다.

2003년, 돈이 조금 모여서 강남에서 투자할 곳을 찾고 있었다. 예나 지금이나 투자할 곳은 강남이 아닌가? 나와 남편은 부동산 카페에 가입해 공부도 하고 투자처를 알아보러 다니기도 했다. 그러던 어느 날, 남편이 카페에서 추천한 논현동 빌라가 나왔으니 가보자고 했다. 부동산에 가서 설명을 듣고 있는데, 논현동 옆에 있는 청담동이 더 좋을 것 같다는 생각이 들었다. 부동산은 위치가 제일 중요한데 청담동의 위치가 매력적으로 내 마음을 끌었다. 땅은 길과 강이 중요하다. 청담동은 한강을 끼고 있고 앞으로도 발전 가능성이 보였다.

나는 부동산 중개인에게 논현동 빌라는 나중에 살 테니, 먼저 청담동 빌라를 소개해 달라고 했다. 부동산 중개인은 고개를 갸우뚱하면서도 청담동 빌라를 소개했다. 그곳은 리베라 호텔 바로 옆 부지에 있었다. 위치는 좋았지만 건물이 오래되었다. 헐어서 빌딩을 지으면 딱 좋겠다는 느낌이 들었다. 8가구가 있는 연립주택이었다. 그중 하나가 매물로 나왔다. 32평형으로, 대지 지분도 32평이었다.

나는 일단 땅 평수가 넓어서 맘에 들었고 내가 가지고 있는 돈으로 살 수 있어서 좋았다. 약간의 대출을 끼고 전세를 빼면 내 돈은 1억 6,000만 원 정도 필요했다. 내가 가진 돈을 몽땅 합하면 약간은 모자랐지만 가능했다.

반면, 남편은 좀 더 고민해 보자고 했다. 돈도 약간 모자라고, 또 논현동이 더 좋을 것 같다는 것이다. 남편이 소개한 카페 대표가 꼭 논현동 빌라를 사라고 했다는 것이다. 하지만 내 생각은 달랐다. 청담동이 좋았다. 남편을 설득하고 부동산 중개인에게 그 집을 계약하겠다고 했다. 중개인도 빠르게 결정하는 나를 보고 놀라는 눈치였다. 그렇게 10분도 안 되어 청담동 빌라 매입을 결정하고 계약을 했다.

나중에 알고 보니 그 집은 원래 다른 사람이 사려고 거의 결정했다고 한다. 은행에 대출을 알아보고 있었는데 그사이에 내가 산 것이었다. 그때 결정하지 않았으면 내 집이 안 될 수도 있었다. 강남 청담동에 32평 빌라가 생겼다. 아파트가 아닌 것이 아쉽기는 해도 땅 지분이 있어서 나중에는 더 나을 수도 있다는 확신이 들었다. 사고 나니 너무 기뻤다. 남편과 맞벌이를 하면서 강남에 그것도 청담동에 32평 땅을 가지고 있다는 것이 너무 좋았다.

그로부터 2년 반이 지난 어느 날, 부동산 중개인에게서 전화가 왔다. 집을 팔라는 것이었다. 8가구가 한꺼번에 팔면 살 사람이 있다는 것이다. 그곳에 빌딩을 지을 것이라 했다. 나는 일언지하에 거절했다. 그 집은 놔두면 계속 오를 것이기 때문이다. 하지만 6가구가 찬성하고 2가구가 반대하다가 실랑이 끝에 결국 다 팔기로 했다. 언제 팔아도 한꺼번에 팔아야만 하는 빌라였고 또 빨리 팔고 싶어 하는 사람들이 계속 졸랐기 때문이다.

내가 그 집을 사고 2년 반 만에 팔았는데 4억 5,000만 원 정도가 남았다. 1억 6,000만 원을 투자해서 4억 5,000만 원이 남았으니 엄청난 수익을 올린 것이다. 하지만 지금 생각해 보면 팔지 말았어야 했다. 지금 청담동 땅은 1평에 얼마나 할까? 아마 좋은 위치가 아니어도 약 6,000만 원은 할 것이다. 팔지 않았다면 땅값만 해도 19억 원의 자산이 남아 있을 것이다. 그 집을 팔고 바로 청담동에 다른 것을 샀어야 했지만 그러지 못했다. 돈이 생기니 쓸 데가 많아지면서 돈도 땅도 다 없어졌다.

그 당시 신애라, 차인표 부부는 꼭 청담동에 건물을 짓고 싶어

했다. 옆 동네 삼성동에는 땅이 매물로 많이 나와 있었고 청담동에는 땅 매물이 없었다. 그럼에도 불구하고 꼭 청담동을 고집한 것은 청담동 주변에 엔터테인먼트 회사들이 많이 몰려 있고 명품거리도 생기면서 청담동 자체가 부의 상징이 되었기 때문이다. '청담동 빌딩'이라는, 지역명이 주는 가치를 알고 있었기 때문일 것이다.

나는 가끔 청담동에 갈 일이 생기면 꼭 그 빌딩을 가 본다. TV에서 청담동 빌딩이 나오면 내 집처럼 자세하게 보고 흐뭇해한다. 그때 8가구 매입비용이 72억 원, 건축비용이 35억 원으로, 약 107억 원을 들여서 완공했는데 완공하고 바로 200억 원이 된다고 했다. 지금은 짐작하건대 약 300억 원은 될 것이다. 내가 판 땅에 빌딩을 지어서 차액을 많이 남겼다고 하니 그 당시에는 마음이 아프다 못해 시려 왔다. '괜히 팔았어' 하는 아쉬움과 배 아픔도 있었다.

나는 신애라, 차인표 부부를 좋아한다. 그들의 삶을 보면 좋아하지 않을 수가 없지 않은가? 그 빌딩은 아이들 교육 사업을 하는 빌딩으로도 유명하다. 임대료도 시세의 50%만 받고, 아이들 교육 사업이 아니면 임대 자체를 해 주지 않는다. 그 빌딩에서는 아이들의 웃음소리가 끊이지 않는다고 한다. 그런 소문을 들으니 흐뭇하기만 하다. 아쉬움은 없어졌고 그들이 대단해 보이고 고맙기까지 하다.

나는 마음 한편에서 항상 청담동에 꼭 내 집을 다시 마련하겠다는 생각을 해 왔다. 나는 작가로서, 강연가로서 그리고 1인 창업가로서 반드시 성공해 청담동에 집을 살 것이다. 그래서 5년 안에 청담동 대저택으로 이사할 것이다. 그 꿈을 이루기 위해 나는 오늘도 최선을 다해 노력한다.

한 달에 한 번
해외여행 하기

　내가 대학생이던 시절, 미혼 여성은 해외여행을 하지 못했다. 나라에서 금지했기 때문이다. 할머니, 할아버지 등 연세가 많으신 분들만 해외여행을 할 수 있었다. 요즘 젊은이들이 들으면 믿기지 않겠지만 사실이다.

　우리나라에서 해외여행 자유화가 된 지는 오래되지 않았다. 금지한 이유는 나라가 가난했기 때문이다. 해외에 나가면 돈을 많이 쓰니 못 나가게 했던 것이다. 그런데 우리 과에서 단체로 해외에 나갈 기회가 생겼다. 해외여행을 하게 되니 너무 기뻤다. 처음으로 일본과 대만, 태국에 가게 되었다. 친척들은 여행에 쓰라며 용돈도 듬뿍 주었다.

태국은 한국 할머니, 할아버지들이 특히 많이 가는 나라였다. 태국의 사진사는 젊은 여자들에게도 무조건 "할머니, 치즈~"라고 했고, 젊은 남성에게도 "할아버지, 치즈~"라고 하면서 사진을 찍었다. 친구들과 나는 그 말에 깔깔거리며 웃었던 기억이 난다. 지금도 그때 기억이 아련히 떠오른다.

대만의 국립 고궁박물관 구경은 아직까지 기억에 남을 정도로 강렬했다. 중국전쟁 중 장개석은 많은 보물을 대만으로 가져왔다. 그것들을 전부 고궁박물관에 전시했는데 그 양이 방대했다. 그래서 한 번에 전시를 못하고 1년에 네 번 교대로 전시한다. 그러니 고궁박물관의 보물을 다 보려면 네 번은 방문해야 한다. 중국 보물의 80%가 대만에 있어서 중국 사람들도 보물을 보러 대만에 온다고 한다. 세계 5대 박물관 중 하나라고 하는데 한 번 보는 것도 감동이었다.

보물들은 놀랍도록 정교했다. '과연 사람의 손으로 만들었을까?'라는 생각이 들 정도였다. 쌀 한 톨로도 섬세하고 예술적인 조각품을 만들었다. 그때의 감동을 시금도 잊을 수가 없다. 꼭 세 번을 더 가 보리라 다짐했지만 그 후로 대만에 가지 못했다. 그래서 나는 대만 여행을 세 번 더 할 계획이다.

결혼해 두 아이를 낳고 여행할 기회가 생겼다. 남편 친구 부부들과 함께 유럽여행을 하게 되었다. 1991년에 세 살, 한 살인 두 아들을 친정엄마에게 맡기고 여행을 가기로 했다. 아이들이 너무 어리고, 힘들어하실 엄마도 걱정되는 데다 신경 쓸 일도 많아서 몇 번을 망설였다. 하지만 엄마가 "걱정 말고 재미있게 다녀와라. 이번 기회가 아니면 언제 갈지 모르잖아."라며 적극 권하셨다.

우여곡절 끝에 나는 유럽여행을 떠났다. 떠나기 일주일 전에는 하늘을 나는 기분이었다. 그때만 해도 가정주부가 유럽여행을 가기란 쉽지 않았다. 나는 8개국(스위스, 프랑스, 이탈리아, 영국, 독일 등)을 여행하고 일행과 헤어졌다. 나와 남편은 시누이가 있는 독일로 다시 갔다. 남편의 누님은 결혼해 독일에서 살고 있었다. 우리는 누님 댁에 가서 독일과 붙어 있는 4개국(벨기에, 네덜란드 등)을 더 여행하고 한국으로 돌아왔다.

나는 아이들이 초등학교에 들어가기 전 많은 시간을 함께 여행하며 보냈다. 어린 시절 추억을 많이 만들어 주고 싶었기 때문이었다. 국내는 물론이고 호주, 뉴질랜드, 사이판, 홍콩 등 기회가 있을 때마다 아이들과 같이 가려고 노력했다.

그렇게 여행을 다니다 큰아이가 중학교에 입학하면서 캐나다로 유학을 가게 되었다. 캐나다에는 여행할 곳이 정말 많았다. 우리 가족은 시간이 날 때마다 여행을 다녔다. 나이아가라폭포는 물론이고 프랑스인이 많이 살고 있는 퀘벡 여행도 너무 좋았다. 또한 몬트리올과 천섬도 정말 멋진 곳이다. 섬 하나에 집 하나가 있고 그 숫자가 1,000개에 달해 '천섬'이라는 이름이 붙었다고 한다. 유람선을 타고 2시간을 돌며 볼 수 있다. 섬은 작지만 예쁘고, 집도 예뻐 너무 아름다웠다. 그곳도 다시 한 번 가 보고 싶다.

그런데 아쉽게도 캐나다에서 하지 못한 여행이 있다. 캐나다에서 출발하는 크루즈 여행이다. 우리 집 창문을 통해 크루즈 여객선이 지나가는 것이 보였다. 엄청 커다란 배 안에 있는 사람들이 보일 정도로 가까웠다. 크루즈 여객선이 큰 고동 소리를 내며 지나갈 때마다 창가에 가서 물끄러미 쳐다보기만 했다. 그때 우리는 크루즈 여행을 할 만한 형편이 안 되었다. 그러다 보니 더 가고 싶고 부러웠다. '언젠가 나도 크루즈 여행을 할 수 있을까?'라고 늘 속으로 부러워만 하다가 캐나다를 떠나왔다. 그 뒤로 지금까지 시간적 여유가 없어서 크루즈 여행을 하지 못했다. 그래서 크루즈 여행을 꼭 해 보고 싶다.

나는 아직 가 보지 못한 미지의 세계에 관심이 많다. 무서워서 가 보지 못한 인도 그리고 페루의 '태양의 도시', '잃어버린 도시'라는 마추픽추에도 가 보고 싶다. 그리고 다시 한 번 유럽여행을 하고 싶다. 특히 스위스에 다시 가 보고 싶다. 알프스산맥과 스위스 시내, 스위스 사람들을 다시 보고 싶다. 영국도 꼭 다시 가 보고 싶다. 영국은 내가 사랑하는 앤티크의 나라다. 나는 캐나다에 살면서 앤티크에 눈을 떴다. 옛 유럽의 왕과 귀족들이 쓰던, 100년이 훨씬 지났어도 잘 보관된 물건들을 사랑한다. 지금 이 시대에는 만들 수 없을 정도로 높은 예술적 가치가 있다. 나는 영국에서 앤티크 구경을 실컷 하고 싶다. 생각만 해도 가슴이 설렌다.

또한 빈센트 반 고흐가 살았던 남프랑스와 그의 작품이 많이 남아 있는 네덜란드에도 다시 가고 싶다. 고흐는 평생 동안 수천 점의 그림을 그렸지만, 팔린 것은 딱 한 점이었다. 지금이야 경매장에서 가장 고가로 거래되는 작품 중 하나가 되었지만, 생전에 그의 그림은 아무도 인정해 주지 않았다.

고흐는 목사의 아들로 태어나서 목사가 되겠다고 공부도 했지만 성격이 괴팍한 그를 받아들이는 교회는 없었다. 현실은 그에게 엄청난 패배감을 안겨 주었다. 설명하기 어려운 패배감과 우울한 기분을 잊기 위해 그는 그림을 그리고 또 그렸다. 네덜란드에서 태어난 고흐의 많은 작품들이 현재 네덜란드에 있다. 나는 그를 사랑하고 그의 작품을 사랑한다. 그의 작품을 보러 다시 네덜란드에 가고 싶다.

그리고 남편이 가고 싶어 하는 아프리카에도 같이 갈 생각이다. 잘 알지 못하는 미지의 세계로 가는 기분이 들 것 같다. '가 보지 않았던 미지의 세계'라, 얼마나 가슴 뛰는 말인가? 나는 내년부터는 부지런히 여행을 다닐 생각이다.

나는 해외여행도 즐기지만 해외로 나가는 관문인 공항에 가는 것만으로도 가슴이 뛴다. 캐나다에 살면서 자주 공항에 갔지만 갈 때마다 소풍 가는 아이처럼 흥분된다. 아이들이 캐나다에서 공부하다 한국에 돌아올 때면 공항으로 마중을 나가게 된다. 그때도 나는 가슴이 뛰고 흥분이 된다. 왜일까? 나에게 항상 떠나고 싶은 마음과 보지 못했던 세계를 보고 싶어 하는 마음이 있기 때문이 아닐까?

나는 책을 출간하고 작가와 강연가가 되어 수입이 많아지면 한 달에 한 번씩 가족과 함께 해외여행을 갈 것이다. 더 많은 것을 보고 더 많은 것을 느끼면서 더 큰사람이 되고 싶다.

람보르기니 타고
여행하기

우리 부부는 차 없이 신혼생활을 보냈다. 지금은 결혼하기 전부터 자가용을 타고 다니지만 내가 결혼한 1989년에는 신혼부부가 자가용이 있는 경우는 드물었다. 우리는 결혼하고 2년 뒤 처음으로 중형차인 소나타2를 샀다. 그 당시 중형차를 타는 신혼부부는 별로 없어서 나와 남편은 좀 우쭐했다.

"광수 말이야. 결혼한 지 5년이 넘고 애가 둘인데 아직도 차가 없대. 불편해서 어떻게 다니지?"

"봉석이도 결혼한 지 꽤 되었는데 중고 르망을 몇 년째 타고 다니는 거야."

이런 대화를 하며 둘이 키득키득 행복한 웃음을 짓고는 했다. 그때 소나타2의 가격이 1,000만 원이었다. 그 당시 소형 아파트가 5,000만 원이었다. 굉장히 비싼 가격이다. 나는 그때나 지금이나 차는 좋은 것으로 타야 한다고 생각한다. 그러나 지금 생각해 보면 그때 차를 사지 말고 투자를 할 것을 그랬다. 그 당시 1,000만 원으로 투자를 했다면 지금쯤 아마 2억 원은 되어 있을 것이다.

남편은 차에 관심이 많다. 늘 형편보다 좋은 차를 사고 싶어 한다. 나도 좋은 차가 좋다. 외국생활을 하면서 여러 종류의 다양한 차를 타 보았는데 차가 좋으면 확실히 뭐가 달라도 달랐다. 특히 튼튼한 차를 타는 것이 중요하다.

동탄에서 부동산을 할 때는 건물 주변에 주차하기가 너무 힘들었다. 그래서 집에 있던 스파크를 타고 다녔다. 조그마한 차가 팍 안기는 감도 있지만 주차하기가 너무 좋았다. 어디든 쏙쏙 들어가고 주차비가 반값이라 서울에서 장시간 일을 볼 때면 자주 이용했다. 하지만 너무 삭아 혹 손님이라도 디야 하는 일이 생기면 좀 난감했다. '부동산에 투자하라고 하고 돈도 좀 벌었다고 하면서 겨우 스파크를 타고 다닌단 말이야?'라고 생각하는 손님이 분명 있을 것이기 때문이다.

어느 날 손님과 잔금을 치르는데 갑자기 함께 은행에 가야 할 일이 생겼다. 나는 당황했다. 왜냐하면 매수자, 매도자가 부부끼리

와서 4명이 다 같이 가야 했기 때문이다. 나까지 5명이 조그만 스파크에 다 타야 했다. 또한 그중 한 분은 몸이 좀 넉넉하신 분이었다. 나는 차가 너무 작아서 양해를 구했다.

"죄송하지만 은행까지 차 좀 가지고 가실 분이 계실까요? 제 차가 너무 작아서 다 타시지 못할 것 같아서요."

하지만 아무도 대답이 없었다. 잠시 어색한 시간이 흘렀다. 그때 손님 한 분이 "작으면 어때요. 그냥 작은 차 타고 갑시다."라고 하는 것이 아닌가? 다들 자기 차로 가고 싶지 않았던 것이다. 분위기도 어색하고 나도 할 수 없어서 "네. 그럼 작지만 제 차로 가시지요."라고 말하며 차가 있는 곳으로 갔다. 운전석으로 가는데 차를 본 손님이 화를 내며 "아니, 이렇게 작은 차에 우리 보고 다 타란 말이요? 손님도 태우고 다녀야 할 부동산 사장님이 이렇게 작은 차라니, 너무하는구먼. 쯧쯧, 내 차로 갑시다."라고 하는 것이 아닌가.

나는 지은 죄도 없이 갑자기 쥐구멍이라도 찾고 싶은 심정이 되었다. 그리고 걸어서 가더라도 그 손님 차를 타고 싶지 않았다. 그렇지만 별 뾰족한 수가 없어 죄인처럼 그 차를 타고 갔다.

그 일이 있은 뒤 나는 스파크를 더 이상 타지 않았다. 출근할 때마다 주차 전쟁을 겪을지언정 타고 싶지 않았다. 혹 갑자기 손님을 태우게 될까 봐 미리 걱정이 되었기 때문이다. 지금 그 스파크는 큰아들이 잘 타고 다닌다.

우리나라에는 자동차를 부의 기준으로 삼는 사람이 많다. 또한 그것이 어느 정도는 맞는 이야기이기도 하다. 누구든 좋은 차를 타면 '형편이 좋구나'라고 생각하고, 작고 덜덜거리고 오래된 차를 타면 '형편이 어렵구나'라고 생각한다.

나는 포르쉐도 사고 싶고 페라리도 사고 싶고 마이바흐도 사고 싶지만, 이왕이면 젊은 남자들이 좋아하는 람보르기니를 사고 싶다. 그 차를 타고 국내 여행을 하고 싶다. 람보르기니를 사면 친구들도 한 명씩 태우고 드라이브를 갈 것이다. 내 친구들 중에는 잘사는 친구도 있고 못사는 친구도 있지만 람보르기니를 타는 친구는 없다. 정말 멋진 일 같지 않은가? 람보르기니를 탈 때는 샤넬 선글라스를 끼고 타야겠다. 더 멋져 보이도록 말이다.

내가 람보르기니를 사는 때는 책을 출간하고 1인 창업가로 성공했을 때일 것이다. 내 인생에는 많은 일들이 있었다. 그중에서도 아이를 낳은 일처럼 획기적이고 보람된 일은 없었다고 항상 생각해 왔다. 그런데 2017년에는 또 다른 출산을 할 것 같다. 바로 출간이다. 책은 나에게 자식 같은 존재가 될 것이기 때문이다. 나는 왜 성공을 해야만 책을 쓰고 전문적인 지식이 있어야만 책을 쓸 것이라고 생각해 왔을까? 물론 나는 부동산으로 성공한 부동산 전문가다. 그러나 이렇게 빠르게 탄탄한 실력을 갖추고 책을 쓸 줄은 미처 몰랐다.

나는 운명처럼 한 사람을 만났다. 내가 책을 출간할 수 있도록 목숨 걸고 도와준 사람이다. 그는 바로 〈한책협〉의 김태광 코치다. 김태광 코치를 만난 것은 나에게 큰 행운이다. 이 자리를 빌려 시간을 벌어 준 김태광 코치에게 감사하다고 전하고 싶다. 나는 그에게 청출어람으로 기억되고 싶다. 또한 나에게 많은 힘을 준 다른 코치들에게도 감사의 말씀을 드린다.

나는 내 꿈을 위해 더 열심히 공부하고 더 열심히 살 것이다. 나는 스스로를 기특하다고 토닥여 주고 위로해 주려 한다. 그 상으로 나에게 람보르기니를 줄 것이다.

임대료로
월 1억 원씩 받으며
여유 있게 살기

　사무실로 전화가 왔다. 예전에 내 컨설팅을 받고 상가를 매입한 40대 직장인 A 씨였다. 그는 두 달 전쯤 부동산 사무실로 쭈뼛쭈뼛 들어왔다. 그러면서 부동산 투자를 하고 싶은데 돈이 너무 적다고 했다. 투자금을 물어보니 7,000~8,000만 원 정도 있단다. 나는 그 금액에 맞는 물건을 찾아보았다. 마침 A 씨에게 딱 맞는 물건을 찾았다. 2억 원짜리 상가였는데 대출을 받고 보증금을 빼면 본인 돈은 7,000만 원 정도 필요했다. 월세는 100만 원이 나오지만 대출금 이자와 경비를 빼면 순수하게 60만 원이 나오는 상가였다. 주인이 급하게 현금이 필요해 내놓은 곳이었다. 월세도 받지만 앞으로 틀림없이 차액을 남길 만한 상가라는 판단에 추천해 주었다.

그는 적극적으로 매수를 권하는 나에게 의심의 눈초리를 보내면서 생각할 시간이 필요하니 다음에 오겠다고 했다. 나는 그에게 이 물건은 시간이 없다고 설명했다. 가격이 저렴하고 투자가치가 있는 물건은 손을 빨리 타기 때문이다. 나를 믿고 매수하라고 강력하게 말했다. 그 상가는 가격 대비 좋은 상가였기에 자신 있게 말할 수 있었다. A 씨는 결국 계약을 하고 그 상가를 매입했다. 그리고 두 달 뒤 기간이 만료되어서 임차인에게서 월세를 더 받게 되었다는 행복한 소식을 전해 주었다.

이렇게 소액으로 월세도 받고 가격도 많이 오르는 좋은 물건을 소개하면 나도 기분이 좋다. 손님이 알아주건 말건, 그 손님에게 많은 도움을 주었다는 생각에 스스로 보람을 느낀다.

그러나 B 씨의 경우는 달랐다. B 씨는 미혼의 젊은 직장인이었다. 직장에서 선배들이 상가주택지를 사서 가격이 많이 오르는 것을 보았다고 했다. 그래서 본인도 돈을 모아 상가주택지를 사려고 마음먹었다고 한다. 돈이 모이자 B 씨는 여기저기 부동산에 많이 알아보러 다녔다. 가격과 필지들을 다 알고 있었다. 자금에 비해 좋은 필지만 골랐다. 설득 끝에 본인의 자금에 맞는 필지를 골라 주었다. 비록 지금 인기 있는 블록은 아니지만 코너 필지이고 시간이 지나면 주위 환경 때문에 많이 좋아질 위치였다. 여러 차례 현장에도 가 보고 왜 좋은지 설명도 해 주었다. 그는 망설였지만 계약을 하고 기분 좋게 돌아갔다. 그런데 2~3일이 지나서 전화가 왔다. 자신이 산 상가주택 자리가 좋지 않고 가격이 비싸다고 했다.

가끔 손님들은 계약하고 불안한 마음에 다른 부동산에 전화를 걸어 가격을 알아보는 경우가 있다. 그 마음은 이해한다. 부동산 계약 금액은 누구에게나 적은 돈이 아니거니와 잘 산 건지 못 산 건지 다시 확인해 보고 싶은 마음일 것이다. 그때 다른 부동산에서 하는 말 한마디로 천당과 지옥을 왔다 갔다 한다. 다른 부동산에서 내가 산 가격보다 비싸게 이야기하면 안도의 한숨과 함께 기쁨이 교차한다. 그러나 그 물건에 대해 잘 모르거나 오래전에 나온 가격으로 이야기하면, 그때부턴 속았다는 기분에 속앓이가 시작된다. 물론 신중하게 계약하고 흡족해하시는 손님들이 대부분이다. 하지만 계약을 처음 하여 불안해하거나 남의 말에 잘 흔들리는 분들이 가끔 있다.

B 씨의 경우가 그랬다. 내 말은 늘으려 하지 않고 '필지가 안 좋은데 왜 추천해 주었냐', '왜 비싸게 사 줬냐'라고 계속해서 앵무새처럼 말했다. 나는 차분히 그 필지의 장점을 이야기하고 다른 지역과 비교하면서 오를 수밖에 없음을 강조했다. 그리고 이미 계약금이 매도자에게 갔고, 후회하지 않아도 될 물건이라고 확실하게 말했다. 그렇게 설득에 설득을 거듭했지만 통하지 않았다. 그

래도 계약 해지를 하고 싶으면 계약금은 돌려받지 못한다는 것도 알려 주었다. 본인도 계약금을 돌려받지 못한다는 것은 알고 있을 것이다. 그러나 그 말은 듣지도 않고 부동산에서 책임지고 계약금을 돌려 달라고 생떼를 쓰는 것이었다.

그렇게 며칠을 시달리던 중 B 씨의 어머니에게서 전화가 왔다. 그 어머니는 세상 물정 모르는, 사회 초년생인 어린 아들을 농락해 부동산에서 비싼 가격에 사 주었으니 매도자에게 연락해서 세약금을 돌려 달라는 말도 안 되는 소리를 했다. 처음에는 차근차근 설명하고 이해시키려 했지만 그 어머니는 작심하고 큰소리치고 나중에는 언어폭력까지 쓰면서 협박 아닌 협박을 했다. 모든 것을 다 알고 있으면서도 생떼를 쓰니 정말 힘이 들었다. 그 두 모자는 안하무인이었다. 법대로 하라고 말할 수도 있지만 참았다. 그런 상식 이하의 손님과 말을 할 때면 벽을 보고 말하는 것 같은 답답함에 지친다. '내가 왜 부동산 중개인 일을 선택했을까?'라는 생각에 힘들고 슬펐다. 하루하루가 너무 길게 느껴졌다.

마침 그때 손님 중 C 씨도 비슷한 가격의 물건을 찾고 있었다. 나는 이 물건을 사면 분명 오르기 때문에 그분이 사면 좋겠다고 생각했다. C 씨에게 사실대로 이야기하고 그 물건을 살 것을 권했다. C 씨는 잠시 생각하더니 사겠다고 했다. 나는 정말 잘 생각하셨다고 이야기하고, 매도자에게도 이 사실을 알렸다. 땅을 팔 때는 돈이 필요해서, 또는 다른 물건을 사려고 파는 경우가 많다.

이 물건의 매도자는 돈이 필요해서 팔았고 이미 그 계약금은 필요한 데 썼다는 것을 잘 알고 있기에 그동안의 사정을 말하지 못한 것이다. 그제야 매도자에게 사실대로 이야기하고 매도자와 B 씨 사이의 계약 해지 및 매도자와 C 씨와의 새로운 계약 체결을 일사천리로 진행했다. 그리고 그 물건은 날마다 올랐다. C 씨는 그 땅에 3층 건물을 짓고 노후 보장은 다 되었다고, 정말 고맙다고 싱글벙글 웃으며 인사했다. 운이 없는 사람도 있고, 억세게 운이 좋은 사람도 있다.

이 일은 나에게 많은 생각을 하게 해 주었다. 특히 B 씨 어머니의 몰상식과 언어폭력은 나를 흔들었지만 결국은 나를 강하게 만들어 주었다. 부동산 중개인 일을 그만둘까 하는 생각도 들었지만 수준 이하의 손님들은 어쩌다 한 명이고 대부분의 손님들은 예의와 매너를 지키며 서로 간의 신뢰를 쌓아 간다. 두세 번 거래를 하다 보면 자연스레 손님 이상의 친구가 되고 기쁘고 슬픈 일들을 서로 나누게 되는 경우가 많다.

투자가치가 있는 물건을 고르는 일은 쉽지만은 않다. 투자가치를 보는 안목이 있어야 한다. 안목은 끊임없는 공부와 임장, 물건에 대한 철저한 분석력, 부지런한 발품 팔기, 오랜 경험 등으로 길러진다. 투자가치가 있는 물건을 소개해서 가격이 몇 배로 오르면 손님은 너무 좋아한다. 나도 너무 좋다. 다 내 돈인 양 좋다.

어느덧 내 부동산 중개인 경력도 20년이 되었다. 오랜 시간 부동산 중개인 일을 하며 보람도 있었지만 힘들 때도 많았다. 분양권, 아파트, 토지, 상가, 단지 내 상가 입찰, 토개공의 근린상가 입찰, 환지, 대토, 체비지 등 다양한 경험을 했다. 지금은 어떤 일에도 흔들림 없는 실력도 생겼다. 나는 중개도 했지만 투자도 많이 했다.

내 꿈은 월세 1억 원을 받는 것이다. 택지지구에 자리 좋은 일반 상가를 분양받아 짓고 싶다. 1층에는 스타벅스를 입점시키고 2층에는 패밀리 레스토랑 빕스를 입점시킬 것이다. 3~5층에는 대형 성형병원을, 6~7층에는 영화관, 8층에는 대형서점을 입점시킨 상가를 지어 월세 1억 원을 받을 것이다. 그 꿈은 곧 이루어질 것이다. 나는 믿는 대로 되는 작가이기 때문이다.

버
킷
리
스
트

11

PART 3

청소년 장학재단 설립하고 잘사는 대한민국 만들기

이 용 태

이용태

품질정보시스템 전문가, 동기부여가, 자기계발 작가

SK하이닉스에서 29년간 품질정보시스템을 구축하고 운영했다. 글로벌 IT 고객과 공급업체를 만나면서 다양한 경험을 했고, 중국 회사에서 근무하며 중국인들과 일하는 방법을 체험했다. 직장생활에서 얻은 지식을 함께 공유하는 개인저서 출간을 앞두고 있다.

E-mail ytlee0311@naver.com
Blog blog.naver.com/ytlee0311
Cafe cafe.naver.com/rkfcl123456
C·P 010·4741·7760

세계 최고 수준의
품질정보시스템으로
중소기업 키우기

내가 1987년 대학을 졸업한 뒤 H사에 신입사원으로 입사해 현장근무를 할 때의 일이다. 현장은 2교대 근무라 달마다 주·야간을 교대로 12시간씩 근무했다. 야간 근무 때는 사무실 근무자가 저녁 6시 30분에 퇴근하기 전에 업무를 인계받으러 가야 했다. 그래서 저녁 6시까지 출근해야 했다. 그리고 다음 날에는 다시 사무실 근무자가 출근하는 시각인 오전 8시에 업무 인수인계를 한 다음 업무 미팅을 오전 10시까지 한다. 집에 와서 자는 시간은 고작 4시간 정도에 불과했다. 퇴근할 때는 너무 피곤해서 버스 안에서 손잡이를 붙들고 졸다가 쓰러지기도 했다. 너무 피곤해서 복도를 걷다가 쓰러지는 현장사원도 있었다. 또한 현장에서 장비를 붙잡고 자는 위험한 경우도 있었다.

명절에 고향에도 못 가고 일하는 현장사원들을 보면 안쓰러웠다. 나는 그들에게 떡국이라도 먹게 해 주고 싶어서 집으로 부르곤 했다. 같이 음식을 먹으면서 고향에 가지 못하는 설움을 달랬다. 지금도 그때의 현장사원들을 만날 때면, 그날의 추억을 이야기하며 추억에 잠긴다.

어느 날, 나는 수입검사 파트로 자리를 옮기게 되었다. 그런데 그 첫날 밤, 나는 너무 충격을 받고 심장이 떨려서 제대로 잠을 잘 수가 없었다. 현장을 파악해 보니 어두컴컴한 검사실에는 달랑 현미경 한 대만 놓여 있었다. 그나마도 램프가 고장이 나서 다른 현미경의 전원으로 간신히 생명을 유지하고 있었다. 그리고 검사해야 하는 물량은 거의 한 달분이 산더미처럼 쌓여 있었다.

현장의 검사원들은 일에 지쳐 있는 듯 보였다. 그러다 보니 검사도 대충대충 하는 것 같았다. 반면, 현장에서는 검사한 제품에서 불량이 많이 나온다고 아우성이었다. 어떤 경우에는 검사도 하기 전에 제조 파트에서 자재를 미리 가져다 사용하는 경우도 발생하곤 했다. 정말로 어이가 없었다. 어디부터 손을 대야 할지 눈앞이 캄캄했다. 하지만 긍정적으로 생각하면 업무를 개선하기 위한 좋은 기회였다.

나는 업무 파악을 위해 검사원들이 하는 업무를 비롯한 모든 업무 내용을 직접 확인했다. 가장 먼저 한 일은 인사팀에 요청해 검사원을 충원한 것이다. 그리고 검사에 필요한 현미경과 작업대를 제조부서에 요청해 설치했다. 그 후 규정에 입각해 철저하게 검사했다. 그러자 수입검사 불량률은 10배로 급격히 높아졌다. 협력업체 및 관련 부서에서 엄청난 불만을 쏟아 내기 시작했다. 새로운 과장이 오더니 "너무 심하게 하는 것 아냐? 그전에는 아무런 문제가 없었는데 말이지."라면서 빈정댔다.

결국 걱정하던 대형사고가 터졌다. 한 고객으로부터 클레임을 받았다. 그 고객은 A 협력회사의 과거 1년 동안의 모든 데이터를 제출하라고 요구했다. 그러나 중소협력업체의 전산시스템은 대부분이 열악했다. 그래서 데이터를 일일이 수기로 찾아서 고객의 클레임에 대응해야만 했다. 정리가 잘되어 있지 않아 시간도 많이 걸리고 찾기도 어려웠다. 고객은 매일 데이터를 달라고 닦달했다. 나는 입술이 바짝바짝 마르고 애가 탔다. 결국 한 달 만에 일이 잘 마무리되었지만, 지금 생각해도 아찔하기만 하다. 이 일은 그동안 매너리즘에 빠져 있던 협력업체의 품질 방침을 바꾸는 동기가 되었다.

이후 쓰라린 경험을 토대로 협력업체와 같이 세계 최고 수준의 품질정보시스템을 개발했다. 이제 어떤 고객이 요구하더라도 선제적으로 대응할 수 있다. 그리고 협력업체가 불량 원인을 빠르게 파악하도록 도움을 줄 수 있게 되었다.

고객의 클레임이나 공정 이상이 발생하면 시간에 따라 손실비용이 눈덩이처럼 불어난다. 제때 대응하지 못하면 더욱 어려운 상황에 빠질 수 있다. 그래서 즉시 고객에게 대응할 수 있는 정보시스템 구축이 반드시 필요하다.

지금은 글로벌시대라 외국 고객들이 품질 노하우를 배우러 한국에 있는 중소기업을 찾아오고 싶다고 요청하기도 한다. 과거에 비하면 비약적인 발전을 한 셈이다.

"물론 우리도 종종 실수를 했습니다. 대개 처음 소프트웨어를 만들 때 미처 발견하지 못해 생략한 부분들이었죠. 그래서 제대로 될 때까지 끈질기게 수정해 나갔어요. 그렇게 하다 보니 경쟁회사들이 완벽한 디자인을 만든답시고 손가락만 빨고 있는 동안 우리는 벌써 다섯 번째 버전을 출시해 놓았습니다. 경쟁회사들이 이제 뭔가 작업을 시작하려 할 때 우리는 벌써 열 번째 버전을 내놓는 겁니다. 저쪽에서는 계획만 세우고 우리는 행동으로 보여 주는 패턴의 반복이죠. 우리는 첫째 날부터 그냥 행동에 뛰어들어요. 경쟁사들이 '어떻게 계획할지' 몇 달 동안에 걸쳐 계획만 세우는 동안에 말이죠."

존 크럼볼츠, 라이언 바비노의 책《천 개의 성공을 만든 작은 행동의 힘》에 나오는 마이클 블룸버그 전 뉴욕시장의 말이다.

누구나 일을 하다 보면 다른 사람들에게 뒤처지는 경우가 있다. 그렇지만 과거를 반성하고 어떻게 하면 잘할 수 있을 것인가를 고민하면서 꾸준히 실행하면 좋은 결과를 얻을 수 있다.

동기부여 강사 되기

처음 회사에 입사해서 담당 과장과 면담을 할 때였다. 과장이 나에게 "이용태 사원은 언제까지 회사에 다니실 건가요?"라고 물었다. 나는 힘찬 목소리로 "3년만 다니고 무역회사로 이직하고 싶습니다."라고 답변했다. 그렇게 3년만 다닌다고 했던 회사생활이 어느 덧 29년째나. '시간은 화살처럼 빠르다'라는 말을 새삼 실감한다.

직장에서 일을 할 때는 자신의 업무뿐만 아니라 주변 상황도 잘 살펴야 한다. '과거에도 이렇게 했으니 지금도 문제없을 거야'라는 생각은 버려야 한다. 세상은 매 순간 급변하고 있다. 내일이 되면 어떻게 될지 아무도 모른다. 자신의 위치를 정확히 알아야 미래를 개척할 수 있다. 매일 변화하는 마음을 가져야 한다. 멈추는 순간 곧 후퇴하는 것이다. 경쟁사는 멈추지 않고 계속 전진하고 있다. 최고가 되려면 한시도 방심해서는 안 된다. 고수에게 배우려는 마음을 가져야 한다.

네가 새로운 업무를 맡을 때마다 많은 문제가 발생했다. 문제가 나만 따라다니는 것 같았다. 10년 동안 잠잠했던 품질문제가 마치 화산이 폭발하듯 연이어 터졌다. 자동차 사고가 주로 교차로에서 발생하듯이 품질 사고도 서로 다른 물질끼리 접촉하는 과정에서 주로 발생했다. 도금하는 협력업체에 도금할 때 재작업을 하지 말라고 당부하기도 했다. 그런데 또 도금불량이 발생했다. 불량 샘플을 분석해 보니 도금 재작업을 한 것이 드러났다. 하지만 협력업체는 절대로 그런 일이 없다고 했다.

나는 이 문제를 근본적으로 해결하기 위해 3개월 동안 원인을 찾고 분석했다. 문제가 발생하면 해결될 때까지 협력업체에서 살다시피 했다. 도금불량은 주로 정전이 되거나 장시간 공기에 노출되는 경우에 발생했다. 도금은 공기에 노출되는 순간 표면에 오염층이 생긴다. 오염층이 생긴 상태에서 도금을 하면 결합력이 떨어지는 것이다. 문제는 그것이 눈에 잘 보이지 않는다는 점이다. 그래서 최종 모듈공정에서 고온의 열을 받으면 미세한 분리가 일어났다. 한 달에 수억 개씩 제조하는 입장에서 이것을 찾는 일은 거의 불가능했다.

A업체에서 문제를 일으킨 뒤 잠잠해질 때면, 이번에는 B업체에서 동일한 문제가 발생했다. 국내 업체뿐만 아니라 일본 업체도 마찬가지였다. 게다가 종종 품질 책임자가 바쁘다는 핑계로 영업사원이 대신 회의에 참석하곤 했다. 회의 시간에 품질문제에 대한 설명을 부탁했는데, 영업 담당자는 무슨 말인지 전혀 이해하지 못했다. 그러다 보니 일이 잘 진행될 리가 없었다.

나는 근본적인 개선을 위해 매주 협력업체와 정보를 공유하는 품질개선회의체를 구성했다. 타 협력사의 문제점을 공유하고 대책을 세웠다. 그리고 발표가 끝나면 각 회사의 개선대책 내용을 현장에 가서 점검하고 검증하기를 반복했다. 현장점검에서 나온 개선대책은 모두 체크시트에 반영했다. 체크시트에 따라 점검하고 평가했으며, 점수에 따라 점검 횟수를 강화했다. 누가 점검하더라도 동일한 눈높이로 현장 점검을 할 수 있게 되었다. 해외 협력업체의 개선대책은 영문으로 번역해 업무 소통이 가능하도록 시스템화했다. 또한, 품질회의에는 모두 기본적인 품질교육을 받은 담당자들만 참석한다. 그렇게 5년이란 시간 동안 독하게 노력한 결과, 지금은 더 이상 도금불량이 발생하지 않는다.

어느 날 퇴근하기 전, D고객에게서 메일을 받았다. "PCB 두께 불량이 3개 발생해 PC BOARD에 들어가지 않는다. 그러니 빨리

와서 자재창고에 있는 모든 PCB를 확인해서 불량을 찾아내라."라는 내용이었다. 이상한 것은 지난 10년 동안 반복해서 같은 불량이 발생했다는 것이다. 개발팀에 문의하니 "국제기준에 맞게 설계되었기 때문에 전혀 문제가 없다."라는 답변뿐이었다. 중소협력업체 또한 "기준에 맞게 만들었으므로 문제가 없다."라고 했다. 실제로 수입검사를 하는 과정에서도 불량은 발견되지 않았다.

먼저, 왜 불량이 발견되지 않고 고객에게까지 흘러갔는지 생각해 보았다. 많은 양의 데이터를 분석해 원인을 알아냈다. 바로 중소협력업체와 고객 사이의 마진이 없었기 때문이었다. 즉, 국제기준에 맞게 작업은 했지만, 제품의 산포를 통계적으로 평가하면 중소협력업체의 공정능력은 수준 미달이었다. 그래서 샘플에서는 발견되지 않았던 것이다. 전수검사를 하면 극히 적은 양만 발견되었다.

나는 즉시 개발팀에 요청해 기준을 바꾸었다. 국제기준은 최종고객의 기준이지 공급업체의 기준은 아니다. 산포관리를 시작하고 공정능력 기준을 6시그마 수준으로 대폭 강화했다. 그리고 협력업체에 전수검사를 추진하도록 요청했다. 전수검사를 하려면 자동검사 장비가 필요했다. 설비를 갖추는 데 2년이라는 시간이 소요되었다. 하지만 공정능력이 현저히 좋아지고 고객으로부터의 불만도 없어졌다. 그로부터 5년이 지났지만 동일한 불량은 아직까지 전혀 발생하지 않고 있다. 문제를 해결하려면 그 현상을 정확히 파악하고 발상을 전환하는 노력이 필요하다.

이번에는 I사 고객으로부터 또 다른 클레임을 받았다. PCB 'Via Hole Crack'이라는 불량이었다. PCB는 반도체에서 가장 널리 사용되는 재료 중 한 가지다. 그 위에 여러 가지 부품들을 장착한다. 그 불량은 PCB를 제조하는 과정에 숨어 있던 잠재 불량이었다. 잠재 불량은 납땜할 때 260℃의 높은 온도를 통과하면서 그 모습을 드러냈다. 지난 10년 동안 근본원인이 개선되지 않았기에, 불량은 반복해서 발생했다. 불량이 발생하면 문제를 분석하고 대응하기 위해 많은 시간을 낭비했다. 매일 하고 있는 일도 있었기에 문제가 발생하면, 그날은 밤을 새우기 일쑤였다. 매일 고객에게 국제회의를 통해 진행 상황을 보고해야만 했다.

근본적인 개선을 하지 않고 임시로 대응하면 더 큰 문제가 발생한다. 문제는 극히 작은 일에서 시작된다. PCB 불량이 발생하는 요인은 여러 가지가 있다. 그중 가장 중요한 요인은 눈에 보이지 않는 습기였다. 장시간 습기에 노출되었다가 뜨거운 열을 만나면 PCB가 팝콘처럼 폭발한다. 그래서 습기에 장시간 노출되지 않도록 방지대책을 수립했다.

다른 하나는 잠재적인 불량을 눈으로 확인하는 방법을 찾는 일이었다. 나는 문제를 쉽게 찾아내는 방법을 알아내기 위해 6개월 동안 여러 가지 실험을 반복해 결국 새로운 기술을 찾아냈다. 10년 동안 괴롭혔던 고질적인 불량문제를 마침내 해결한 것이다. 세계 최초로 발견한 나만의 비법이라고 스스로 자부한다. 협력회사도 그 방법을 적용하면서 예상되는 품질사고를 크게 줄였다. 덕분에 사고로 인한 손실비용도 크게 줄일 수 있었다. 그러자 세계 최고 수준의 IT 고객들이 기술을 알려 달라며 찾아왔다. 중소협력업체 또한 미국, 중국, 일본 등 세계적인 IT 기업들로부터 품질의 우수성을 인정받는 기회를 얻게 되었다.

현장에서 발생하는 문제에는 반드시 원인이 있다. 그 원인을 찾아서 해결하지 않으면 결국 더 큰 화를 불러온다. 고질적인 문제라도 개선할 수 있다는 동기를 부여해 주고 방법을 찾는다면 반드시 해결할 수 있다. 나의 꿈은 '누구나 세계 최고가 될 수 있다'라는 신념을 심어 주는 동기부여 강사가 되는 것이다. 동기부여 강사가 되어 잘사는 대한민국을 만드는 데 도움이 되고 싶다.

인터넷 강의로
사람들에게
꿈과 희망 심어 주기

탤런트 이서진이 가이드로 나오는 〈꽃보다 할배〉라는 해외여행 프로그램이 큰 인기를 끌었다. 언젠가부터 해외여행을 가는 사람들이 부쩍 많아졌다. 답답한 현실에서 벗어나고 싶은 욕망이 있기 때문이 아닐까. 한편으로는 백세시대에 은퇴 후 30년의 긴 시간을 어떻게 보낼지도 걱정이 될 것이나. 최근 나와 비슷한 니이의 주변 사람들이 은퇴하는 것을 자주 목격한다. 직장에 있을 때부터 차근차근 미래를 준비한 사람들은 충격이 덜하겠지만, 오로지 회사만을 위해 달려온 사람들은 무엇을 해야 할지 고민이 많다. 재취업을 선택해도 대우는 예전과 다르다. 얼마 다니지 못하고 다시 퇴직의 길을 걸어야만 한다.

1998년 IMF 이후, 내가 다니던 회사의 사정은 더욱 악화되었다. 근무하던 직원의 50%가 회사를 떠났다. '위기는 기회다'라는 각오를 다지며 새로운 돌파구를 마련해야만 했다. 신규장비 투자는 꿈꾸기도 어려운 상황이었다. 개발 시제품을 만들어야 하는데 샘플을 만들 장비조차 없었다. 타 회사에 장비를 구걸하다시피 해서 간신히 샘플을 만들었다. 일부 공정은 일일이 수작업으로 바느질하듯이 만들기도 했다. 그때를 기억하면 지금도 '어떻게 견뎌냈는지, 하늘이 도왔다'라는 생각이 든다.

회사가 어려워지자 그동안 사이가 좋았던 S협력사가 갑자기 납품을 중단했다. 회사에 비상이 걸렸다. 그렇지 않아도 힘든 상황이었는데, 하루아침에 날벼락을 맞았다. 고객에게 물량을 납품해야 하기 때문에 원재료 중단은 치명적이었다. 6개월 동안 신규 업체를 발굴해야만 했다. 다행히 순조롭게 극복할 수 있었다. 그 후 S협력사는 신뢰를 저버린 과거의 이력 때문에 지금까지 기피하는 회사가 되었다. 회사는 물건만 파는 곳이 아니다. 상호 신뢰를 바탕으로 사업을 하는 곳이다. 직장에 다닐 때도 인간관계를 잘 관리할 필요가 있다.

타 회사의 장비를 자주 빌려 쓰다 보니, 그곳에서도 나중에는 거부의사를 표했다. 마침 회사에서 어렵게 신규장비를 구매했다. 그런데 입고한 장비를 설치하던 시점에 화재가 발생했다. 불은 껐지만, 장비에 물과 연기가 들어가서 사용할 수 없었기에 폐기 처분되었다. 가슴이 아팠다. 어떻게 구매한 장비인데… 안타까웠다. 화재예방이 중요하다는 것을 새삼 깨달았다.

사람도 마찬가지다. 미래가 닥쳐오기 전에 준비해야 한다. '엎질러진 물은 주워 담을 수 없다'라는 말처럼, 문제가 발생한 뒤에 조치하려면 쉽지가 않다. 그런데 대부분의 사람들은 현실만 바라보며 사는 데 급급하다. 막연히 남들이 하니까 따라 하다가 손해도 본다. 각 분야에는 저마다 전문가들이 포진해 있다. 즉, 섣부른 투자는 정글 속에서 먹잇감이 되는 것이다. 실패하지 않으려면 해당 분야의 고수를 먼저 만나야 한다.

회사에 위기가 닥친 것도 결국은 평소에 경쟁사만큼 혁신을 하지 못했기 때문이다. 치열한 생존경쟁에서 2등은 살아남기 힘들다. 가격은 세계 최저에 품질은 세계 최고여야만 살아남는다. 개인도 마찬가지다. 자기계발을 통해 최고의 능력을 발휘해야만 경쟁에서 살아남을 수 있다. 꿈을 달성하기 위해 얼마나 많은 책을 읽었는가? 또한 자신이 경험한 일들을 책으로 써내기 위해 얼마나 노력했는가? 자신의 인생을 위해 처절하게 고민해야 한다. 회사에 다니면서 자기계발에 전념하기란 어렵다. 하지만 낭비하는 시간을 줄여서라도 꿈을 이루기 위한 전략을 세워야 한다.

어느 날 I고객에게서 클레임을 받았다. 불량 원인을 파악해 보니, 공정능력 수준이 0.8 정도였다. 전수검사를 해야만 제조가 가능한 수준이었다. 한 달에 수억 개씩 제조해야 해서 회사에서 전수검사는 현실적으로 불가능했다. 설계가 바뀌기 전까지 위험을 무릅쓰고 제조했다. 작업을 시작할 때마다 품질을 점검하고 진행했다. 결국 새로운 설계제품이 나오면서 문제가 해결되었다.

설계품질과 초기품질 그리고 양산품질의 불량확률은 초기에 못 잡으면 10배씩 증가한다. 안정된 수율을 확보하려면 설계품질을 중요시해야 한다. 양산 공정능력 확보에 실패하는 이유는 바로 설계품질의 공정능력 수준이 6시그마 수준에 미달하기 때문이다. 초기에 개발팀과 협의해 공정능력 평가를 도입하자고 제의하자 주변의 반발이 심했다.

개발 제품은 각 공정별 중요 인자에 대해서 공정능력을 평가해야 한다. 중요 인자는 고객이 요구하는 항목 및 사고 위험이 높은 인자를 선택한다. 통계적인 공정관리 또한 설계 공정능력이 따라 주지 않으면, 작업 중 공정 이상이 많이 떠서 실패한다. 그러므로 가장 중요한 것은 설계단계에서 공정능력을 확보하는 것이다. 나는 공정능력 미달로 인한 고객 클레임을 교훈 삼아 설계품질 평가기준을 6시그마 수준으로 바꾸었다. 또한 설계 평가를 현장에서 즉시 계산하고 확인할 수 있도록 전산시스템도 대폭 개선했다. 그 결과 양산 수율이 증가하고 고객 클레임도 사전에 예방할 수 있게 되었다.

중학교 1학년 영어시간 때의 일이다. 영어 선생님은 외국인 선교사와 함께 수업을 진행했다. 수업은 선교사가 학생들에게 한 명씩 차례로 질문하고 답변하는 식이었다. 드디어 내 차례가 되었고 나는 자신 있게 답변했다. 선교사는 잘했다면서 캐러멜을 하나 주었다. 나는 그 뒤로 영어에 흥미가 생겨서 학교에서 돌아오면 영어책을 펴 놓고 문장을 외우곤 했다.

사람은 무슨 일이든 재미있다고 느끼면, 누가 시키지 않아도 스스로 열심히 한다. 그런데 우리나라 학생들은 수능점수를 위한 공부에만 치우쳐 있다. 당장은 도움이 될 수 있겠지만, 장기적으로는 자신의 꿈을 계획하고 발전시키는 데 방해가 될 수 있다.

좋아하지 않는 일은 생명력이 없는 씨앗이다. 생명력이 없는 씨앗은 크게 성장하기 힘들다. 점수를 위한 목표가 아닌, 꿈을 위한 목표를 세워야 한다. 주어진 시간이 짧기 때문에 선택과 집중을 해야 한다. 남들과 똑같이 공부해서는 좋은 성과를 얻기 힘들다. 남들과 차별화되는 자신만의 유일한 꿈을 만들어야 한다. 그래야 공부하는 것도 재미있다. 재미를 느끼면 상시간 집중할 수 있다. 애플의 창립자인 스티브 잡스도 대학을 중퇴하고 자신이 좋아하는 일을 했기 때문에 크게 성공할 수 있었다고 생각한다.

자신이 좋아하는 일을 하면 5년, 10년 후에는 남들과 차별화된, 성공적인 인생을 살아갈 가능성이 높다. 먼저 자신의 꿈이 무엇인지를 찾아보라. 그리고 꿈을 향한 목표를 정하라. 그 목표를 달성하기 위해 매일 해야 할 일을 정하고 실천하라. 신은 성공을 주기 전에 더 큰 시련을 준다고 한다. 에베레스트 산 정상 부근이 가장 가파르고 위험하다. 정상에 다가갈수록 장애물이 많다.

나는 1인 창업을 통한 인터넷 강의실을 만들 것이다. 인터넷 강의를 통해서 사람들에게 꿈과 용기를 심어 주고 싶다. 그렇게 해서 모두가 잘사는 대한민국을 건설하는 데 기여하고 싶다. 자신의 꿈을 향해서 꾸준히 나아가면 어느새 정상에 도달해 있을 것이다. 자신의 미래는 바로 지금 자신이 생각하는 대로 된다.

북카페
강의실 열기

　나는 지인을 만날 때면 주로 강남으로 간다. 만나서 밥을 먹고 카페로 가 그동안 있었던 일, 자식 결혼은 어떻게 시킬 것인지 등에 관한 이야기를 주고받는다. 강남에 있는 카페에 가 보면 손님 대부분이 학생이다. 다들 영어공부에 열중이다. 카페에서는 그들이 공부에 전념할 수 있도록 자리도 만들어 주었다. 이제는 카페가 차를 마시는 곳이 아닌, 공부하는 독서실로 바뀌었다.

　나는 학생 때 공부를 하기 위해 집 근처 공공 독서실을 이용했다. 그곳은 환경이 매우 열악했다. 겨울에는 추워서 장갑을 껴야 했고, 여름에는 더워서 부채질을 해야 했다. 당연히 공부에 집중이 되지 않았다. 할 수 없이 돈을 내고 사립 독서실에 가서 공부했다. 사실 학생들은 집 근처에 있는 공공 독서실을 선호한다. 대형 도서관은 너무 멀어서 이용하기 불편하기 때문이다. 환경이 좋은 사립 독서실은 비용이 부담스럽다. 그래서 나는 나중에 부자가 되면, 꿈을 위해 마음 편히 공부할 수 있는 독서실을 만들고 싶다고 생각했다.

일하는 것은 재미가 있어야 한다. 시켜서 하는 일은 왠지 즐겁지가 않다. 마음속 깊은 곳을 울리는 일이 아니기 때문이다. 사람은 머리가 아닌 가슴이 시키는 일을 해야 한다. 대부분의 사람들은 어떤 일을 할 때 먼저 계산부터 한다. 이 사람이 내게 도움이 될까? 이 일은 내게 필요할까? 이런 식으로 머리로 주판알을 튕긴다. 꿈이 있는 인생을 살아가려면, 가슴이 말하는 삶을 살아가야 한다. 감동이 있는 노래는 사람을 울리기도 한다. 나는 TV 프로그램 〈불후의 명곡〉을 보면서 '아버지'라는 노래를 듣고 눈물을 흘린 적이 있다. 가슴에서 우러나오는 노래였기 때문이다. 머리로 하는 사랑은 오래갈 수 없다. 진실된 사랑을 원한다면 머리가 아닌 가슴으로 사랑해야 한다.

내가 초등학교 시절 가장 하고 싶었던 것은 동화책을 읽는 것이었다. 그런데 학교에는 동화책이 별로 없었다. 기억나는 것은 《삼총사》와 《로빈 후드》뿐이다. 읽고 싶은 책이 별로 없어서 주로 만화방을 들락거렸다. 10원만 내면 하루 종일 만화를 볼 수 있었다. 어머니에게 졸라 10원을 받아 들고 아침 일찍부터 만화방에 가서 하루 종일 살다시피 했다. 나는 새로운 미래 세계를 탐험하는 만화들을 무척 좋아했다. 마치 내가 미래에 살고 있는 것 같았다. 지금도 〈인터스텔라〉 같은 공상 과학 영화를 보는 것을 좋아한다.

어릴 때 만화책에서 보았던 지구의 미래 모습은 대부분 현실이 되었다. 모두 인간이 만들어 낸 상상력과 창의력의 산물들이다. 인간의 능력은 무한하다. 최근에는 화성탐사도 하고 혜성에도 우주선이 착륙하는 시대가 되었다. 꿈을 실현하기 위해서는 상상력과 창의력을 키워야 한다. 상상력과 창의력은 도시가 아닌 시골의 자연 속에서 자란다. 현재 자라나는 청소년들이 밤하늘에 반짝이는 은하수를 본 적이 있을까? 사람은 꿈을 먹고 살아가야 한다. 미래를 꿈꾸어야 용기를 얻고 현재의 고통도 참고 이겨 낼 수 있다.

회사에서는 핵심역량 외의 일은 대부분 외주를 선호한다. 한마디로 몸이 부거우면 행농이 느리기 때문이다. 어떻게는 경쟁에서 앞서가려면 몸무게를 가볍게 해야 한다. 사람도 성장하려면 몸을 가볍게 해야 한다. 여기서 말하는 몸은 육체가 아닌 정신을 뜻한다. 자신이 원하는 것을 추구하기 위해서는 필요 없는 일을 멀리해야 한다.

누구에게나 주어진 시간은 같다. 그런데 시간은 사용하는 사람에 따라 가치가 다르다. 성공하는 사람들은 자투리 시간을 활용해 책을 읽는다. 책 속에는 성공의 보물 상자가 숨겨져 있기 때문이다. 몸을 가볍게 하고 남은 시간에는 책을 읽자.

내가 초등학생 때 무더운 여름 어느 날이었다. 아버지께 배운 자전거를 타고 시장에 심부름을 다녀오던 길이었다. 그런데 짐이 너무 무거워 중심을 잡지 못하고 넘어지고 말았다. 자전거 페달에 왼쪽 무릎을 다쳤다. 병원에 가는 것은 엄두도 못 내고 집에서 치료했다. 여름철이라 그런지 다친 곳이 점점 곪았다. 고름을 빼내야만 했다. 어머니는 상처 부위를 소독하고 약초를 붙여 주셨다. 매일 약초를 떼었다가 다시 붙이기를 반복했다. 약초를 교체할 때마다 고름이 빠져나오면서 너무나 아프고 고통스러웠다. '제발 빨리 상처가 나아서 이 고통의 순간이 사라졌으면 좋겠다'라는 생각뿐이었다. 다행히 두 달 정도 지나자 상처가 치유되었다. 어머니의 지혜와 자연의 힘은 정말 놀라웠다.

우리는 살아가면서 종종 사고를 경험한다. 대부분의 사람들은 안전교육을 제대로 받지 못한다. 그러다 보니 부주의로 인한 안전사고가 자주 발생한다. 조금만 주의하면 사고를 미연에 방지할 수 있다. 음주운전 금지, 운전 중 휴대전화 사용 금지, 대중교통 차례대로 타기, 공공장소에서의 흡연 금지 등 공중도덕을 잘 지키는 것도 안전사고를 예방하는 데 도움이 된다.

기본을 잘 지키는 습관이 필요하다. 습관은 꾸준히 행동하면 생긴다. 식사 후 커피를 마시는 일, 과자를 먹는 일, 음식을 배달시키는 일, 홈쇼핑이나 인터넷으로 물건을 사는 일, 쿠폰이나 마일리지를 받는 일, 1+1 물건 사기 등 우리가 의식하지 못한 상태에서도 습관이 생긴다. 자신도 모르는 사이에 습관화되는 것이다. 판매업체는 교묘하게 사람의 심리를 이용해 일상적인 일이 습관화되도록 홍보한다. 일상적으로 행동하는 일이 습관화되지 않도록 주의해야 한다.

나는 어릴 적 주말마다 밭에 마늘, 파, 옥수수, 고구마, 감자, 고추, 콩, 도라지 등을 심었다. 비가 오지 않아 땅이 메마르면 물을 떠다 뿌려 주기도 했다. 비가 오면 밭에 심은 것들은 스스로 잘 자랐다. 대신 주변에 있던 풀들도 같이 자랐다. 그래서 비가 온 뒤에는 풀을 뽑아내야 했다. 땡볕 아래에서 풀을 뽑는 일은 힘들었다. 얼굴이 뜨거울뿐더러 땅에서는 뜨거운 열기가 올라왔다. 시골에서는 일하다가 일사병으로 죽는 사람들도 있었다. 어머니의 얼굴도 항상 까맣게 그을려 있었다. 마음이 아팠다. 열심히 일해서 부모님에게 효도해야겠다는 생각뿐이었다.

생명은 참으로 신비롭다. 그리고 자연의 법칙은 위대하다. 씨앗을 심어 놓으면 온갖 비바람을 맞으면서도 잘 자란다. 사람들이 쉬는 동안에도 곡식은 자란다. 곡식이 자라는 모습은 눈에 잘 보

이지 않는다. 그런데 며칠이 지나 훌쩍 자라 있는 모습에 놀라곤
했다.

사람도 자연의 법칙을 따른다. 미래의 씨앗을 잘 심어 놓으면
꿈을 이룰 수 있다. 지금은 눈에 잘 보이지 않지만, 시간이 지나면
변화하고 성장하는 모습을 발견하게 된다. 미래의 씨앗이란 바로
마음과 지식이다. 즉, 올바른 마음가짐과 자신이 좋아하는 일에
대한 전문성이 필요하다. 마음과 지식은 하루아침에 얻어지지 않
는다. 오랜 시간 동안 고난과 역경을 극복해야 한다.

나는 북카페를 만들어서 많은 사람들과 다양한 경험, 지식들
을 나누고 싶다. 지금 나는 북카페 강의를 위한 유튜브 영상편집
과정을 공부하고 있다. 북카페 이름은 '꿈을 실현하는 리더 학습
과정'으로 정했다. 또한 '아카데미 리더 스쿨'이란 네이버 블로그를
운영 중에 있다. 사람은 누구나 꿈을 가지고 살아간다. 나는 사람
들이 자신의 꿈을 실현하도록 도울 것이다.

불우 청소년
장학재단 설립하기

나는 어릴 때부터 군대에 가기 전까지 일주일에 한 번씩 아버지에게 혼이 났다. 아버지는 혼낼 때마다 밖에 가서 나뭇가지 5개를 꺾어 오라고 시켰다. 나뭇가지를 꺾으러 가는 순간부터 온몸이 파르르 떨렸다. 도살장에 끌려가는 소와 같은 기분이었다. 혼이 나면 이불을 푹 덮고 소리 없이 울다가 잠이 들었다. 다음 날 학교에 가는 것이 너무 싫었다. 종아리에 시퍼렇게 회초리 자국이 남아 있었기 때문이다.

어느 날 아버지는 나에게 국민교육헌장을 일주일 안에 다 외우라고 했다. 나는 혼나지 않으려고 열심히 외웠다. 시간이 되어 아버지 앞에서 암기 테스트를 받았다. 나는 열심히 했던 만큼 글자 하나 안 틀리고 완벽하게 외웠다. 그 순간 날벼락이 떨어졌다. 아버지는 "작가의 이름을 빼먹었으니 외우지 못했다."라고 하셨다. 또 혼났다. 도무지 이해할 수가 없었다.

혼나는 게 싫어서 한밤중에 맨발로 도망친 적도 있었다. 그런데 막상 나가면 갈 데가 별로 없었다. 겨울이라 너무 추웠다. 캄캄한 화장실에 몰래 숨어 있거나, 동네 주변을 어슬렁거리기도 했다. 집에 들어가기가 싫어서 책가방을 길가에 버린 적도 있었다. 집에서 공부를 하는 것은 불가능했다. 어떻게든 집에서 떠나고 싶었다.

이스라엘 국민들은 아이가 일곱 살이 되면 성인으로 대우해 준다고 한다. 그리고 학교에 갔다 오면 "오늘은 선생님에게 무슨 질문을 했니?"라고 묻는다고 한다. 우리나라처럼 "이번에는 몇 등급 받았어?"라고 묻지 않는다. 점수가 아닌 생각이 중요한 것이다. 성공한 사람들은 남들과는 다른 독특한 사고방식을 가지고 있다. 항상 '왜 이럴까?' 하고 의문을 가진다.

아이들은 눈치가 빠르다. 단지 표현하지 않을 뿐이다. 부모는 자녀의 입장이 아닌 부모 자신의 입장에서 말한다. 이제부터라도 자녀에게 하는 질문을 바꿔 보는 것은 어떨까. 잔소리를 하기보다 꿈을 심어 주는 기회와 환경을 만들어 주어라. 부모가 자녀의 인생을 대신 살아 줄 수는 없지 않은가.

가정은 행복해야 한다. 집에 있으면 편안한 마음이 들어야 한다. 집이 불편하면 밖으로 나가기 시작한다. 그러다 보면 결국에는 마음가짐이 망가져서 삶의 방향을 잃게 된다. 아무리 힘들어도 집에서는 좋은 분위기를 유지해야 한다. '가화만사성'이라고 했다. 집은 생활의 안식처다. 에너지를 축적하는 장소다. 밖에서 힘들었던 것을 잊고 삶을 재충전하는 곳이다.

부모는 자녀의 잠재능력을 찾아 주는 안내자다. 성공하는 사람의 80%는 좋은 인간관계를 형성하고 있다고 한다. 다른 사람과 얼마나 좋은 관계를 유지하느냐가 바로 성공의 지름길이다. 기술은 가르칠 수 있지만, 인성은 쉽게 바꿀 수 없다. 그런데 우리는 점수만을 강조하고 있다. 자녀가 아무리 어리더라도 한 인격체로 대하고, 점수가 아닌 잠재능력을 찾을 수 있도록 해야 한다.

병의 50%는 스트레스가 원인이라고 한다. 스트레스는 하루아침에 나타나지 않는다. 오랜 시간 동안 몸 안에 축적된다. 병원에서 검사를 받아도 발견되지 않는다. 정신적 고통은 평생을 간다. 밝고 화목한 환경에서 긍정의 마음이 싹튼다. 긍정의 마음은 성공의 씨앗이다. 가정이 행복하려면 성공의 씨앗을 심어야 한다. 나 자신은 지금 어떤 성공의 씨앗을 심고 있을까.

초등학교 1학년 때였다. 미술시간 준비물로 도화지 한 장을 사야 했다. "엄마, 나 도화지 사야 하니까 10원만 주세요."라며 돈 달라고 울곤 했다. 미술시간에 도화지가 없으면, 한 시간 동안 무엇을 해야 할지 막막했다. 어머니는 마지못해 10원을 주셨다. 미술시간에도 즐겁지가 않았다. 선생님은 "집에서 있었던 일을 그려 보아라."라고 했는데, 나는 집에서 주로 농사일을 했었기에 그릴 것이 별로 없었다. 나는 미술에 별다른 흥미를 느끼지 못했다.

어느 날은 청소당번이라 수업이 끝난 뒤 열심히 청소를 했다. 끝나고 집에 가려는데 내 신발이 없어졌다. 고무신을 버리고 새로 산 운동화였다. 집에 갈 길이 막막했다. 맨발로 집에 갈 수는 없었다. 다행히 주인 없는 신발 하나가 있었다. 내 발보다 큰 신발이었다. 할 수 없이 신고 오는데 자꾸 벗겨졌다. 장마철이라 비도 내렸다. 우산이 없어서 비료포대로 만든 우비를 걸쳤다. 신작로 사이로 흐르는 빗물에 발을 씻기도 했다. 속상한 마음에 눈물이 빗물에 섞여 주룩주룩 흘러내렸다.

고등학교 2학년 미술시간이었다. 미술 선생님은 석고상을 교실 앞에 놓고 그것을 그려 보라고 했다. 나는 한 시간 동안 열심히 그렸다. 미술 선생님은 나를 교무실로 불러 "너는 미술에 소질이 있으니 미대를 가라."라고 말했다. 그 이야기를 부모님에게 말씀드렸다가 혼쭐만 났다. 결국 미대에 가는 꿈은 포기했다.

인생을 살다 보면 시련을 겪을 때가 있다. 시련을 견디지 못하고 포기하면 패배자가 된다. 반대로 시련을 참고 극복하면 승리자가 된다. 사람은 가장 낮은 밑바닥까지 가 봐야 한다. '실패는 성공의 어머니'라고 했다. 밑바닥 인생을 살다 보면 어떻게 살아가야 할지 깨닫는다. 정상에 올라가려면 굴곡이 있다. 인생도 올라갈 때와 내려갈 때를 반복한다. 자신에게 피해를 주는 사람이 있다면, 혼자 멀리 떨어져 생활하는 것이 중요하다. 그래야 자신의 계획대로 인생을 살아갈 수 있다. 꿈을 이루기 위해서는 부정적인 사람들과 단절하는 용기와 결단력이 필요하다. 꿈을 포기하지 않는 한 누구나 성공할 수 있다.

아버지는 "어려서 고생을 해 봐야만 한다."라며 나를 주말이면 들에 나가서 일하게 했다. 평일에는 집에서 가축들을 돌보았다. 어느 날 들에서 소에게 풀을 뜯기는데, 소가 도망가 버렸다. 아무리 줄을 잡아당겨도 잡을 수가 없었다. 초등학생이 소를 이길 수는 없었다. 울면서 집으로 돌아왔다. 다행히 아버지가 소를 찾아왔다. 시골에서 소는 중요한 재산이었다. 나는 굶어도 절대로 소를 굶겨서는 안 되었다. 매일 저녁 쇠죽을 끓여서 소에게 먹였다. 그러고 나서야 밥을 먹을 수 있었다.

일에는 우선순위가 있다. 중요한 일을 먼저 해야 한다. 중요한 일은 자신의 꿈을 실현하는 일이다. 아직 꿈을 못 찾은 사람은 스스로 찾아야 한다. 꿈은 자신이 좋아하고 잘하는 것이어야 한다. 잘하기 위해서는 그 분야에 대한 공부를 많이 해야 한다. 대부분의 사람들은 취업을 목표로 공부한다. 취업은 꿈을 위한 도구일 뿐이다. 자신의 꿈에 도움이 되는 직업을 잘 선택해야 한다. 회사

일에 시간을 많이 빼앗기면 꿈을 이루는 것이 힘들어진다. 꿈과 노동의 적절한 분배가 필요하다.

청소년들은 때로 큰 절망에 빠진다. 주위의 도움이 필요하지만 도움을 받는 것이 쉽지 않다. 한때의 실수로 극단적인 선택을 하는 경우도 있다. 좋은 스승을 만나면 인생을 바꿀 수도 있다. 나의 꿈은 청소년 장학재단을 설립하는 것이다. 어려운 환경에서도 자신의 꿈을 펼치는 청소년들을 돕기 위해서다. 나는 반드시 성공해서 그들을 도와주고 싶다.

버
킷
리
스
트

11

PART 4

지식과 경험을 나누는 창의력 공장장 되기

서 영 진

서영진

'한샘출판사' 대표, 파워블로거, 창의력 개발 강연가, 아이디어 칼럼니스트

생각의 충격과 책의 울림을 사랑한다. 교육문화사업 분야에서 활동해 왔으며 현재 출판사를 운영하고 있다. 다양한 아이디어들을 소개하는 '생각전구' 블로그를 10년간 운영하며 창의력 개발 전문가로 활동하고 있다. 창의적 사고법에 대한 개인저서를 준비하고 있다.

E-mail coolsaem@naver.com
Blog ideabulb.co.kr
Facebook youngjin.suh.946
Instagram ideabulbs

창의적 생각이 샘솟는
생각전구 블로그 키우기

지금 막 2,351번째 포스팅을 마쳤다. 내가 생각전구 블로그를 처음 시작한 것이 2007년 8월이니 이제 곧 10년이 된다. 당시 나는 무척 힘든 시기를 보내고 있었다. 사업의 실패로 우울했고 의욕도 없었다. 남들의 시선이 두려워 조용히 집에서만 지내고 있었다. 어느 정도 시간이 지나면서 다시 움직이고 싶다는 마음이 생겼다. 당장 나를 드러내지 않으면서도 세상을 향해 이야기를 하고 싶었다.

그러던 중 블로그라는 방법을 발견했다. 2007년은 블로그가 한창 활성화되기 시작한 시기였다. 블로그에 눈을 돌린 이유는 온라인의 익명성 때문이었다. 나의 실체를 숨기고도 나의 생각을 많은 사람들에게 알릴 수 있기 때문이었다.

이렇게 시작된 생각전구 블로그는 지금까지 2,100만 명이 훌쩍 넘는 사람들이 방문했고, 5만 명 이상의 이웃이 지켜보고 있는 파워블로그가 되었다.

블로그를 운영하며 나 자신도 큰 변화를 겪었다. 자신감을 얻으며 다시 사업 전선에 뛰어들었고 해외생활을 성공적으로 마쳤다. 귀국한 뒤에는 새로운 도전에 전념하고 있다. 나를 숨기듯 드러내려 했던 생각전구 블로그가 이제는 나의 중요한 정체성 중 하나로 자리 잡게 되었다.

처음 블로그 주제를 정할 때 고민이 많았다. 블로그의 주제는 일상, 연예, 시사, 문학, 여행, 스포츠 등 어떠한 것이라도 상관없다. 하지만 제대로 운영하려면 자신에게 맞는 주제를 선정해야 한다. 나는 대학에서 경영학을 전공하며 마케팅, 특히 광고 분야에 관심이 많았다. 소비자의 호기심을 자극해 실제 구매로 유도하는 전략과 전술이 소비자 심리와 맞물려 절묘한 조화를 이루기 때문이다. 그래서 해외의 광고들을 주제로 포스팅을 시작했다. 유명 광고들을 접하며 일반 광고보다는 독특하고 특별한 광고들에 관심이 갔다.

광고 위주로 포스팅을 이어 가면서 아이디어에 관심이 생겼다. 이런 광고는 대체 어떻게 만들어질까? 어떻게 이런 기발한 아이디어를 생각했을까? 광고에 대한 관심은 아이디어로 번졌고, 아이디어가 접목된 다른 분야를 찾게 되었다. 디자인, 예술, 상품 등 아이디어가 다양하게 적용되고 있는 영역으로 블로그 포스팅을 확대시켰다. 우리는 창의적 세상에서 살고 있다. 창의적 생각과 시도가 없었다면 세상도 이만큼 발전하지 못했을 것이다. 우리 생활에 깊숙이 삭농하고 있는 창의적 아이디어는 우리 스스로에게도 필요하다.

블로그를 처음 만들면 가장 고민되는 것이 이름 짓기다. 블로그의 성격을 드러내고 블로그를 널리 알리려면 블로그 이름이 꽤 중요하다. 나는 '생각전구'라는 블로그 이름에 주저함이 없었다. 만화나 영화를 보면 가끔 등장인물이 골똘히 생각에 잠긴 장면이 나온다. 그러다 어느 순간, 그의 머리 위에서 전구가 반짝이며 "그래, 이거야!"라고 외친다. 이렇게 생각이 떠오를 때 머리 위에서 빛나는 전구를 생각전구(idea bulb)라고 한다.

아이디어는 이처럼 불현듯 떠오른다. 길을 걷다가, 밥을 먹다가, 책을 읽다가, 음악을 듣다가, 때로는 목욕을 하다가 '유레카'를 외친다. 하지만 순간적으로 또는 전혀 연관이 없는 상황에서 떠오른 아이디어라 하더라도 평소에 축적된 지식과 경험 그리고 지속된 생각이 기초가 되어 탄생한다.

이것이 내가 생각전구라고 이름을 정하고 블로그를 시작하게 된 이유다. 세상의 많은 아이디어들을 접함으로써 생각의 폭을 넓혀야 한다. 빠르게 변하는 현대를 살아가며 사람들은 주위를 돌아볼 겨를이 없다. 말이 앞만 보며 달리도록 차안대를 씌우는 것처럼 공부와 일이라는 현실의 안대에 눈이 가려진다. 시각을 넓히고 다양한 생각들을 흡수해 차곡차곡 쌓아 자신의 것으로 적용한다면 우리의 생각전구도 반짝 빛날 수 있다.

나는 블로그를 통해 많은 경험을 했다. 지금까지의 삶과는 전혀 다른 영역인 디자이너, 아티스트, 음악가 등과 소통하게 되었고 학교, 도서관, 기관 등에서 강연도 했다. 디자인이나 광고를 전공하고자 하는 학생들에게 조언을 해 주기도 하고 관련 잡지의 칼럼 요청도 받았다. 블로그에는 수많은 댓글이 달렸다. 해외 일정 때문에 이루어지지는 않았지만 방송 출연 제안을 받은 적도 있었다.

이처럼 블로그는 소통의 장이며 삶의 영역을 확대할 수 있는 기회가 된다. 나를 감추기 위해 시작한 블로그가 오히려 나를 세상에 알리는 중요한 수단이 되었으니 참 아이러니하다. 신선한 경험이 감사할 따름이다. 생각과 일상의 폭이 넓어지고 새로운 꿈에 도전하는 장이 되었다.

나는 모든 이들에게 블로그 활동을 권한다. 누구나 자신의 생각과 이야기를 발산할 기회가 필요하기 때문이다. 요즘은 누구나 쉽게 SNS를 접할 수 있다. 블로그, 페이스북, 트위터, 인스타그램 등 어떠한 것을 이용하든 꾸준한 활동이 중요하다. 명확한 주제 아래 자신만의 콘텐츠를 차곡차곡 쌓아 간다면 분명 많은 사람들과의 소통이 이루어질 것이다. 그리고 이를 통해 새로운 기회가 찾아온다.

　나는 생각전구 블로그 10년을 맞아 새로운 계획을 세웠다. 먼저 생각전구 온라인 카페를 개설하려 한다. 블로그와 카페는 성격이 매우 다르다. 가장 크고 중요한 차이라면 콘텐츠 생산 주체다. 블로그는 1인 미디어로, 블로그를 개설한 주인만 포스팅할 수 있다. 개설자 이외의 사람들이 블로그에 참여할 수 있는 방법은 댓글이나 안부 글 정도다.

　회원 가입으로 참여하게 되는 카페는 개설자뿐만 아니라 모든 회원들이 글을 게시할 수 있다. 그동안 생각전구 블로그는 나 혼자 운영해 왔다. 창의력 개발이라는 주제에 공감하는 사람들과 함께 카페를 운영한다면 더 많은 관련 내용들을 공유할 수 있다. 세상에 소개되는 수많은 아이디어들을 더 많이 접할 수 있으며, 이런 아이디어에 대한 다양한 의견들을 나눌 수 있다. 나는 생각전구 카페를 통해 모두의 아이디어가 꿈틀대는 온라인 공간을 이루고 싶다.

　또 다른 계획은 영문버전 블로그 개설이다. 내가 서치하고 다루는 아이디어들은 모두 해외 사이트에서 얻고 있다. 해외에는 디자인, 광고, 예술 등 기발하고 창의적인 내용을 다루는 사이트들이 굉장히 많다. 이 중 몇몇 사이트들은 관련 분야에서 전 세계적으로 영향력을 끼칠 만큼 발전해 있다. 나는 생각전구 영문판을 개설해 이런 영역에 도전하고 싶다. 물론 쉽지 않은 도전이다. 영문 사이트를 통해 포스팅할 소재를 찾을 정도로 영어가 낯설지는 않지만 외국인을 상대로 전문 사이트를 운영하는 것은 또 다른 영어실력을 요구한다. 스스로 영어실력을 향상시킴은 물론, 함께 운영할 동반자가 있어야 가능할 것이다.

나에게는 생각전구 블로그를 운영하는 분명한 목적이 있다. 혼자만의 관심사로 시작되었지만 지금은 많은 사람들이 찾아와 내 이야기에 공감하고 있다. 생각전구 블로그를 통해 생각이 바뀌고 진로가 바뀌었다는 독자도 있다. 내 블로그가 많은 사람들에게 영향을 끼치고 있다니 감사하면서도 한편으로 책임감을 느낀다. 나는 디자이너도 아니고 광고쟁이도 아니며 창의적인 사람은 더더욱 아니다. 그저 기발한 아이디어가 세상을 움직인다고 믿을 뿐이다. 수많은 아이디어들을 통해 나의 생각도 변할 수 있다고 자신할 뿐이다.

많은 사람들이 바쁜 현대사회 속에서 다른 곳을 바라볼 여유 없이 살아간다. 생각전구 블로그가 많은 사람들에게 여유와 틈이 되길 바란다. 그 가운데 새로움을 발견하고 답답한 생각에 신선한 충격이 던져지길 바란다. 우리도 분명 아이디어맨이 될 수 있다. 많은 이들의 생각전구가 반짝반짝 빛날 때까지 나는 세상의 아이디어를 사냥할 것이다.

톡톡 튀는
창의력 개발
교육 전문가 되기

　최근 사회가 창의적 인재를 원하게 되면서 많은 사람들이 창의성을 키우기 위해 열을 올리고 있다. 학교 교육의 목표는 창의적 인재 양성이며 기업의 채용 기준 항목에도 창의성이 자리 잡고 있다. 창의라는 것이 도대체 무엇이기에 이렇게 강조되고 있는 것일까? 사전의 풀이를 그대로 인용하면 창의란 '새로운 의견을 생각해 냄'이다. 이는 아이디어, 고안, 창안 등 다양한 용어로도 불린다. 결국 창의성이란 남들과 다른 독창적 생각을 이끌어 내는 특성이라고 정의할 수 있다.

　그렇다면 창의력은 어떻게 습득될까? 창의력은 학문이 아니다. 따라서 일반적인 학문처럼 책을 통하거나 공부에 의해 습득되지 않는다. 또한 수학처럼 공식이 있지도 않으며 답을 명확하게 제시할 수도 없다. 창의성이나 창의력은 지식의 축적만으로 완성되지 않는 개인의 특성과 능력이기 때문이다.

나는 창의력 개발을 주제로 하는 생각전구 블로그를 운영하며 이와 같은 고민을 많이 했다. 기발한 아이디어는 어디에서 나오는 것인지, 이런 생각을 완성하기 위해 무엇을 준비해야 하는지 궁금했다. 수없이 많은 세상의 아이디어들을 접하고 수천 개의 포스팅을 하며 고민에 대한 답을 찾아 가고 있다.

나는 창의력 개발의 핵심 키워드로 변화(Change), 도전(Challenge), 소통(Communication)의 3C를 꼽는다. 먼저 변화를 꿈꾸는 호기심이 발동되어야 하며, 호기심을 실현시키기 위해 끊임없이 시도해야 한다. 또한 그 시도에는 궁극적으로 인간과 사물, 인간과 인간, 인간과 자연을 잇는 충실한 소통의 메시지가 담겨야 한다.

나는 2011년부터 5년간 중국 선전에 있는 선전한국국제학교 교장으로 일했다. 선전한국국제학교는 교민 자녀들을 위한 학교로, 학생들에게 국제화 교육과 함께 우리나라의 주요한 정규 교과 과정을 가르친다. 새롭게 교장으로 부임하며 해야 할 일이 많았지만 나는 창의성 교육을 특히 강조했다. 창의적 인재를 원하는 시대적이고 세계적인 흐름을 따라야 함은 물론이고, 청소년 시기부터 창의적 마인드를 가져야 남들보다 앞설 수 있기 때문이다.

나는 창의력 개발 특강 수업이라는 커리큘럼을 만들었다. 중·고등학교 학생들에게 창의력에 대해 궁금증을 갖게 하고 필요성을 인지하게 하여 스스로 창의적인 생각을 떠올리도록 유도하는 내용이었다. 혁신가들의 사례와 생각전구 블로그에 소개한 다양한 아이디어들을 학생들과 함께 나누었다. 기발한 아이디어를 떠올리기 위한 쉽고 간단한 방법을 구체적으로 설명해 주었다. 학생들은 신기하고 독특한 사례들에 큰 관심을 가졌다.

또한 주변에서 흔히 볼 수 있는 일상의 사물을 관찰하고 거기에서 새로운 면을 발견하도록 했다. 영화를 보며 토론을 하고 짧은 광고도 만들어 보았다. 학생들은 시간이 갈수록 적극적으로 참여했고, 학기를 마치며 가장 재미있고 기억에 남는 수업으로 꼽았다.

학생들에게 창의력 수업이 가장 인기 있었다는 것은 어쩌면 당연한 결과일지 모른다. 학생들에게 그 시간은 공부의 스트레스에서 벗어날 수 있는 유일한 시간이었기 때문이다. 영어 문장을 해석하고, 수학 문제를 풀고, 과학 용어를 암기하는 것은 머리가 지끈거릴 정도로 고통스럽다. 하지만 창의력 수업은 놀이 시간이었다.

창의적 사고는 뇌가 경직된 상태에서는 절대로 이루어지지 않는다. 부담이 없는 상태에서 유연해진 뇌를 통해 말랑말랑해진 사고가 가능해지고 아이디어가 튀어나온다. 물론 공부든 창의력이든 빼놓을 수 없는 공통 요소가 있다. 바로 집중이다. 공부는 학습의 부담을 집중으로 이겨 내는 것이라면 창의력은 즐거움이 집중을 이끌어 낸다. 일상에서 벗어나 새로운 생각들을 접하는 것은 곧 놀이다. 이 놀이에 집중하게 되면 그동안 보지 못했던 것을 발견하게 되고 그동안 알지 못했던 것을 깨닫게 된다. 이 과정을 통해 창의력이 개발된다.

가장 기억에 남는 학생이 있다. 매년 고등학교 3학년 학생들과 대학입학 상담을 했다. 어느 학생이 광고학과 진학을 희망했다. 해외에서 공부한 학생들이 광고학과를 지망하기는 쉽지 않다. 국내에서는 꽤 인기 있는 학과지만 해외 학생들은 문과의 경우 대개 어문계열이나 상경계열을 지원한다. 나는 학생에게 광고학과를 희망하는 이유를 물었다. 학생은 중학교 3학년 때 내가 진행한 창의력 개발 수업을 듣고 광고인이 되기로 결심했다고 답했다. 소비자를 움직이는 광고의 매력과 그런 광고를 만드는 사람들의 기발함에 매료되었다는 것이 이유였다. 그 후 스스로 광고 분야에 관심을 갖고 나름대로 노력했다고 한다.

나는 1년 동안 그 학생이 꿈을 이룰 수 있도록 성심껏 도왔다. 세계적으로 영향을 끼치고 있는 유명 광고인들의 저서와 사례를 알려 주고 연구하도록 했다. 또한 광고인이 갖춰야 할 지식과 덕목에 대해서도 이야기를 나누었다. 광고인에게 필수적인 창의적 사고의 도출 방법에 대해서 더욱 깊이 있게 토론했다.

1년의 시간이 지나 졸업식이 열렸다. 해외에 있는 한국학교의 졸업식은 한국과 사뭇 다르다. 졸업생도 많지 않고 졸업 후 한국으로 돌아가 입시를 치르기 때문에 헤어짐의 아쉬움이 더욱 크다. 졸업식은 울음바다가 되었다. 특히 그 학생은 나를 끌어안고 펑펑 울었다. 아직도 그 학생의 울먹이던 목소리가 기억난다. "선생님, 감사해요. 꼭 대학에 합격해서 멋진 광고쟁이가 될게요." 결국 그 학생은 명문대학교 광고홍보학과에 합격했다. 창의력 수업을 듣던 중학교 3학년 학생은 지금 대학에서 세상을 깜짝 놀라게 할 준비를 하고 있다.

교육의 힘은 무섭다. 교육은 목표를 이루도록 이끌어 가는 과정이다. 그 과정에서 조금만 벗어나도 전혀 다른 결과를 얻는다. 교육의 주체인 교사의 역할이 강조되는 것도 바로 이러한 이유 때문이다.

창의력 교육이 화두이기는 하나 아직 우리나라에서는 그 의미가 구체적으로 정립되지 않았다. 영국이나 일본에서는 창의력 개발 과정이 정규 교과과정으로 편성되었다. 창의력이라는 영역이 오랜 시간에 걸쳐 명문화된 학문이 아니기에 교육의 과정으로 자리매김하기에는 분명 어려움이 있다. 학생들의 입장에서도 창의적 사고가 중요하다고 인식은 하지만 무엇을 공부해야 할지, 어떻게 독특한 생각을 이끌어 내야 할지 막막하기만 하다. 그러니 자연스럽게 창의력보다는 국·영·수 점수를 올리는 학습에만 매달린다.

나는 그동안 접한 아이디어들을 통해 창의적 사고의 유형과 도출 방식에 눈을 뜨게 되었다. 또한 학교에서 학생들에게 실제 적용하며 그 효과를 경험했다. 지금도 블로그를 운영하며 창의력 개발에 관심을 갖고 꾸준히 연구하고 있다. 이를 토대로 우리 청소년들에게 창의적 사고의 기틀을 마련해 주고 싶다. 누구나 아이디어맨이 될 수 있지만 아무나 스티브 잡스가 될 수는 없다. 어린 시절부터 넓은 시각과 유연한 사고를 갖고 오랜 시간에 걸쳐 세상을 향한 관심을 유지해야만 진정 세상을 이끄는 인재로 성장할 수 있다. 나는 이들을 위해 창의력 개발 교육 전문가가 되고 싶다.

그러기 위해서는 스스로 해야 할 일도 많다. 깊이 있는 연구와 체계적인 정리가 필요하다. 내가 준비하고 있는 개인저서도 이러한 과정의 일환이다. 창의적 사고가 필요한 모든 이들에게 꿈과 희망을 주고 그들이 세상에서 아름다운 영향력을 떨칠 그날을 기대한다.

지식과 경험을 나누는
유쾌한 강연가 되기

내가 초등학교에 다닐 때 방송국에서 학교로 촬영을 온 적이 있다. 리포터는 학생들에게 가장 존경하는 사람이 누구냐고 물었다. 반 친구들은 대통령, 에디슨, 안중근 등 다양한 답을 내놓았다. 나는 서슴없이 "아버지요."라고 말했다. 그 이유를 묻는 리포터에게 나는 "열심히 일하시는 아버지가 존경스러워요."라고 답했다.

우리 아버지는 국어 선생님이었다. 대한민국에서 가장 유명한 선생님 중 한 분이다. 고등학교에서 교편을 잡으며 교사의 길을 걷기 시작하셨고 대학입시 국어 강사로 유명해지셨다. 수십 권의 국어 학습서를 저술하시고 당시 TV 과외에 출연하시는 등 연예인 부럽지 않은 스타가 되셨다. 지금은 은퇴하셨지만 아직도 교육에 대한 열정만큼은 여전하시다. 학생과 학부모들을 직접 만나 국어 교육의 중요성을 역설하시고 집필 활동도 게을리하지 않으신다. 최고의 전문가로 한 시대를 풍미하시고 지금도 뜨거운 꿈을 꾸시는 아버지. 나는 그런 아버지를 어려서부터 지금까지 또 앞으로도 영원히 존경할 수밖에 없다.

나는 아버지를 쏙 빼닮았다는 소리를 많이 들었다. 생김새는 물론 뒷모습과 걸음걸이까지 닮았단다. 어른이 되어서는 아버지를 닮았다는 말이 썩 좋지는 않았다. 아버지보다 나 자신의 실력과 모습으로 남들에게 드러나길 원했기 때문이다. 그러던 어느 날 문득 내가 정말 아버지의 피를 이어받았다는 사실을 깨달았다.

생각전구 블로그를 운영하며 방문자가 늘어나고 온라인 매체에 소개되자 강연 요청이 들어왔다. 도서관과 학교, 기관 등에서 내 블로그의 주제인 창의력 개발과 관련된 강연을 이어 갔다. 첫 강연은 부끄러울 정도로 서툴렀다. 떨지 않기 위해 준비를 꽤 많이 했지만 나만 바라보는 학생들과 학부모들의 시선이 너무나 부담스러웠다. 원고를 준비했지만 말이 술술 나오지 않았고 강연 시간을 조절하지 못해 허둥지둥 끝내고 말았다.

불안한 강연은 몇 차례 더 이어졌다. 그러던 중 큰 강연을 맡게 되었다. 중학교 한 학년 전체 약 400명의 학생을 대상으로 하는 강연이었다. 전보다 더 많은 준비를 하고 강연 날을 맞았다. 어느 때보다 떨리고 긴장되었지만 그날은 달랐다. 아슬아슬한 불안 감이 아니라 지금까지 맛보지 못했던 즐거움과 기쁨을 느꼈다. 학생들의 반응에 흥이 났고 실수는 있었어도 웃음으로 넘어갔다. 강연이 끝나고 아쉬움이 아닌 보람을 처음 경험한 순간이었다. 그날 이후 나는 강연의 쾌감을 만끽한다. 신선한 만남이 반갑고, 진지한 공유가 흥분된다.

이런 감정을 느끼며 아버지가 떠올랐다. 수많은 학생들 앞에서 노래를 부르며 학생들의 혼을 빼 놓으시던 아버지. 그 기운을 받아 강의의 끈을 이어 가시는 아버지. 그 힘으로 건강과 젊음을 유지하시는 아버지. 아버지에게 강의는 힘들지만 유쾌하고 만족스러움을 주는 노동이었다. 나도 강연을 하며 아버지의 마음을 고스란히 공감한다. 나의 몸에 아버지의 피가 흐르고 있기 때문이다.

나는 훌륭한 강연가가 되려면 어떻게 해야 하는지 생각해 보았다.

먼저, 강연가는 전문가가 되어야 한다. 강연이란 일정한 주제와 관련된 이야기를 청중에게 전하는 것이다. 해당 주제에 대한 해박한 지식을 갖춰야 함은 물론, 다양한 분야에 대한 관심을 꾸준히 이어 가야 한다. 청중은 강연가의 경험과 지식을 통해 지적 호기심을 충족하고 동기부여를 받기 원한다. 그것을 만족시키기 위해 강연가는 많은 준비를 해야 한다.

나도 10년 가까이 블로그를 운영하며 창의력 개발에 대한 지식과 노하우를 쌓아 왔다. 강연과 교육 등을 통해 관련 경험을 계속하고 있다. 창의력에 관한 나만의 체계를 완성하기 위해 저서를 준비하는 것도 같은 맥락이다. 나는 집필을 시작하며 〈한책협〉의 〈책 쓰기 과정〉을 수료했다. 색다른 경험이었고 책을 써야 하는 명확한 이유를 찾는 계기가 되었다. 〈한책협〉의 김태광 코치는 "성공해서 책을 쓰는 것이 아니라 책을 써야 성공한다."라고 강조한다. 나는 저서를 집필해 전문인으로 거듭날 것이고, 그것은 내 강연의 바탕이 될 것이다.

또한 강연가는 청중을 리드해야 한다. 수많은 청중 앞에서 몇 시간 동안 홀로 이야기한다는 것은 분명 어려운 일이다. 매끄러운 진행과 명확한 전달을 위해 강연가는 청중의 눈과 귀를 사로잡아야 한다. 시청각 자료를 활용하거나 제품을 시연하기도 한다. 춤을 추거나 마술을 하는 등 자신의 특기로 관심을 끄는 강연가도 있다. 목소리 강약을 조절하고 큰 몸동작을 선보이기도 한다.

나는 유머를 중요하게 생각한다. 긴 시간 강연을 듣는 것은 청중에게도 힘든 일이다. 피곤한 청중을 깨우는 가장 효과적인 방법은 웃음이다. 재미가 있다면 청중은 절대 외면하지 않는다. 설사 강연이 유익하지 않았더라도 실컷 웃었다면 그들은 실망하지 않을 것이다. 적절한 유머 코드는 강연에서 양념과 같다.

나는 개그 프로그램을 즐겨 본다. 빠르게 변하는 유행어와 유머 코드를 익히기 위해서다. 방송을 보며 개그맨들이 웃음을 유발하는 포인트를 짚어 본다. 이렇게 분석적으로 방송을 보면 독특한 재미도 발견할 수 있고 강연에 활용할 아이템도 찾을 수 있다.

마지막으로, 강연가는 남보다 앞서가야 한다. 강연은 특정 주제에 대한 전문 지식을 전달하는 것에서 그치면 안 된다. 그에 관련해 앞으로 어떤 일이 일어날 것인지, 그 일을 위해 무엇을 준비하고 어떻게 대처할 것인지 답을 제시해야 한다. 현대사회는 예측할 수 없을 만큼 빠르고 다양하게 변화하고 있다. 우리는 불확실성에 따른 불안감을 안고 살아간다. 따라서 청중은 강연가로부터 명쾌한 예측과 해결방안을 원한다.

통찰력을 키우기 위해서는 모든 감각이 살아 있어야 한다. 사회현상에 민감해야 하고 기술발전에 반응해야 한다. 과거의 흐름을 이해해야 하며 미래의 변화를 감지해야 한다. 나는 얼리어답터는 아니지만 새로움에 관심이 많다. 신기술이나 신경향에 대한 궁금증을 해소하며 접한 새로움을 다시 확장시키려고 노력한다. 시사정보도 꾸준하게 업데이트한다. 다양한 뉴스가 쏟아져 정보를 쌓을 틈이 없는 경우 간단하게라도 다양한 정보를 접해 두면 나중에 유용하게 쓸 수 있다. 이렇게 트렌드를 익히고 지식과 결합해 미래를 예측하는 훈련을 한다.

수많은 청중 앞에서 강연하는 내 모습을 그려 본다. 나는 청중의 이목을 집중시키며 열변을 토하고 있다. 막간의 유머에 장내는 웃음바다가 된다. 다시 나의 목소리가 울리면 청중은 귀를 기울인다.

　　나눔의 기쁨은 말로 표현할 수 없다. 선물은 받을 때보다 줄 때 더 행복하다. 나의 지식과 경험을 많은 사람들과 나누며 그들의 몸과 마음을 움직이게 하는 작은 계기가 된다면 더없는 보람일 것이다. 웃음이 있는 밝은 분위기와 앞을 내다보는 시원한 통찰이 어우러진다면 멋진 나눔의 현장이 될 것이다. 지식과 경험을 나누는 유쾌한 강연가가 되어 아버지께 말씀드리고 싶다.

"아버지, 제가 아버지를 진짜 닮았습니다."

식스팩 초콜릿 복근에
도전하기

내 나이도 내일모레면 50이다. 키 170cm에 몸무게 92kg, 배는 남산만 하고 조금만 걸어도 숨을 헐떡거린다. 젊었을 때 남들만큼 달리던 기억을 떠올리며 아직도 쌩쌩하다고 믿는다. 아픈 데는 없지만 투실투실한 손마디가 주먹을 쥘 때마다 당기고, 무릎과 발목도 기분 나쁘게 쑤신다. 뚱뚱하다는 소리에 난 아직 젊다며 팽팽한 피부로 화제를 돌린다. 거울에 비친 모습이 둔해 보여도 입은 계속 오물거린다. 40대 아저씨들의 평범한 모습이라며 일과 삶을 핑계로 몸을 돌보지 않는다. 불뚝 나온 배를 당연시하고 아저씨들의 상징인 양 무시한다. 젊을 때는 뚱뚱하지 않았는데 사회생활을 하며 불규칙적인 식사에 폭식과 음주를 반복하다 보니 어느덧 몸무게가 90kg을 돌파했다.

나는 중국에서 한국국제학교 교장으로 일하면서 어린 학생들과 지낼 시간이 많았다. 초등학교 저학년 학생들은 나에게 달려와 안기곤 했다. 아이들은 살갑게 나를 끌어안고 천진하게 "교장선생님 배는 왜 이렇게 뿔룩해요? 애기 있어요?"라고 말했다. 순진한 아이들 눈에 내가 임신한 것처럼 뚱뚱하게 보인다니 충격적이었다. 나는 더 이상 평범한 모습이 아니며 건강도 나빠지고 있다는 것을 깨닫고 다이어트를 결심했다.

사실 다이어트를 왜 해야 하는지에 대한 설명은 이제 식상할 정도다. 날씬한 사람도 자신이 뚱뚱하다고 생각한다. 모두 다이어트를 외친다. 다이어트는 단순히 살을 빼는 것이 아니라 건강한 몸으로 바꾸는 작업이다. 몸무게만 줄이려면 그냥 굶으면 된다. 하지만 40대 후반의 나이에 단순히 날씬한 몸매만을 생각하는 것은 무의미하다. 그동안 혹사당한 나의 몸을 소중하게 달래어 건강을 회복하고 유지하는 것이 가장 중요한 목적이다.

먼저 목표를 세웠다. 당시 나는 가족들과 헤어져 있었다. 중국에서의 교장 임기를 마친 뒤 나 홀로 귀국했고, 가족들은 아이들의 학업 때문에 6개월 늦게 돌아왔다. 다이어트를 결심할 당시는 2개월 후면 가족들이 돌아오는 시기였다. 나는 가족들을 놀라게 해 주고 싶었다. 다이어트를 통해 나의 의지와 노력 그리고 자신감을 보여 주고 싶었다. 그래서 2개월 동안 10kg을 감량하기로 목표를 정했다.

생전 처음 마음먹은 다이어트라 걱정이 많았다. 하지만 독하게 덤볐다. 일단 식사량을 극도로 줄였다. 덴마크식 다이어트 방법에서 힌트를 얻어 간을 전혀 하지 않고 식빵과 계란, 채소와 과일 위주로 식단을 꾸렸다. 정말 맛이 없었다. 기름을 두르지 않고 프라이팬에 구운 식빵과 소금을 찍지 않은 삶은 달걀에 목이 메었다. 즐겨 먹지 않던 채소와 후식이었던 과일은 아무리 먹어도 배가 부르지 않았다. 간의 중요성도 새삼 깨달았다. 짜고 단 맛이 전혀 없는 음식은 고역이었다. 하지만 꿋꿋하게 참았다. 2주가 지나자 다이어트 식단에 차츰 익숙해졌고 조금만 먹어도 배고프지 않았다. 음식 고유의 맛도 음미하게 되었다. 결국 2개월 동안 10kg 감량이라는 목표를 달성했다.

오랜만에 만난 가족들은 나를 보고 깜짝 놀랐다. 아이들은 쏙 들어간 내 배를 만지며 신기해했고 살 좀 빼라며 늘 잔소리하던 아내는 너무 좋아 펄쩍 뛰었다. 아내는 옷이 헐렁해진 나를 끌고 옷가게에 가서 새 옷을 사 입혔다. 기뻐하는 가족들을 보니 뿌듯했다. 스스로 정한 목표를 이루고 한결 가벼워진 몸을 느끼니 나 자신이 대견했다. 건강은 가족의 행복을 이끈다. 나의 다이어트를 시작으로 건강에 대한 관심이 온 가족에게 퍼졌다.

나는 첫 번째 다이어트 성공에 만족하지 않았다. 나의 최종 목표는 70kg 초반으로, 총 20kg을 감량하는 것이었다. 극단적인 다이어트식은 오래가지 못한다. 단기간에 체중을 줄일 수는 있어도 영양의 불균형으로 오히려 건강을 해칠 수 있기 때문이다. 처음과는 다르게 천천히 체중을 줄이는 방법을 찾아 시도했다.

점심 한 끼는 정상적인 식사를 했다. 점심은 아무래도 일 때문에 밖에서 먹게 된다. 나는 평소와 동일한 메뉴를 나만의 방법으로 먹기 시작했다. 먼저 양을 절반으로 줄였다. 또한 짜고 맵게 먹지 않기 위해서 탕이나 찌개는 물을 부어 희석시켰다. 이렇게 점심을 먹고 저녁은 샐러드 위주의 식단으로 꾸렸다.

다이어트에 운동을 빼놓을 수는 없다. 하지만 나는 운동과는 거리가 먼 사람이다. 뚱뚱하고 몸이 둔한 사람 중에 운동을 좋아하는 사람은 거의 없을 것이다. 그래서 나는 억지로 운동을 하지는 않았다. 단, 매일 점심시간을 이용해 한 시간가량 산책을 했다. 가벼운 산책은 몸에 무리를 주지 않고 기분전환도 되기에 나에게 적합한 운동이었다. 다이어트를 한다며 무리한 운동을 하게 되면 오히려 이상이 생길 수 있다. 다이어트 자체도 힘든데 운동으로 스트레스를 받으면 금방 포기하게 될 것이다.

또한 나는 다이어트를 위해 금지음식 목록을 만들었다. 내가 좋아하고 즐겨 먹던 라면, 햄버거, 초콜릿, 아이스크림, 콜라, 과자를 먹지 않기로 정했다. 콜라 대신 탄산수를 마시고 라면 대신 메

밀국수를 먹는 등 대체음식을 찾으며 해결해 갔다. 금기사항을 지키는 것도 나름 스릴이 있었다. 먹고 싶은 유혹을 꿋꿋하게 물리치는 스스로의 모습에 우쭐해졌다. 이렇게 정한 금기사항은 지금도 최대한 지키기 위해 노력하고 있다.

이런 방식으로 나는 4개월 동안 다시 10kg을 감량했다. 6개월 만에 92kg에서 72kg으로 20kg을 줄였다. 허리띠는 네 칸이나 줄었고 손발의 저림 현상도 사라졌다. 온몸이 날아갈 듯 가볍게 느껴졌다. 단기간의 급작스런 다이어트는 부작용을 일으킬 수 있다. 하지만 다행스럽게도 큰 어려움이 없었다. 나는 6개월간의 노력 끝에 건강한 몸과 마음을 만들었다.

나는 건강전도사가 되어 만나는 사람들마다 나의 성공담을 아주 자랑스럽게 이야기한다. 다이어트를 하며 쌓은 지식과 생생한 경험을 고스란히 전해 주고 있다. 사람들은 나를 대단한 사람이라고 치켜세우며 자신도 다이어트를 시작해야겠으니 비법을 자세히 알려 달라고 난리다. 이제 내 주변에는 다이어트와 건강에 관심을 갖기 시작한 사람들이 꽤 많아졌다. 서로 정보를 공유하고 경험을 나누며 격려하고 있다.

자수성가한 백만장자 사업가이자 발명가인 엠제이 드마코는 저서 《부의 추월차선》에서 진정한 부의 3요소로 '3F'를 꼽았다. 3F란 가족(Family), 건강(Fitness), 자유(Freedom)를 말한다. 건강한 육체는 열정을 만들어 내는 끝없는 에너지 충전소다. 건강을 잃게 되면 삶의 의미마저 잃게 된다. 나는 건강은 억만금을 줘도 살 수 없으며 행복은 물질로부터 비롯되지 않음을 경험을 통해 깨닫게 되었다.

나는 지금 요요현상 없이 몸무게를 유지하고 있다. 다이어트 성공으로 사신감이 생기자 새로운 목표를 세우게 되었다. 이제 탄탄한 몸을 만들어 보려 한다. 보디빌더처럼 울퉁불퉁 우락부락 근육질은 아니더라도 운동으로 다져져 힘이 느껴지는 몸으로 만들고 싶다. 평소 운동을 싫어하지만 걷기부터 시작했다. 대중교통을 이용하며 평소에도 자주 걷고 엘리베이터보다는 계단을 이용하고 있다. 걷기에 익숙해지면 차츰 운동 강도를 높이려고 한다. 너무 무리하지 않고 천천히 또 꾸준하게 운동하면 성공하리라 믿는다. 배불뚝이 아저씨가 초콜릿 복근을 갖지 말라는 법은 없지 않은가.

세상에 단 하나뿐인
아이디어 북카페 만들기

　나는 책을 사랑한다. 그렇다고 해서 책을 많이 읽는 사람은 아니다. 출판사를 운영하고 있기 때문에 책이 곧 나의 삶이다. 출판 사업을 시작한 지도 꽤 오래되었다. 초·중·고등학생 학습 참고서와 아동용 동화집 등 내 이름으로 많은 책들을 발행했다. 지금은 공무원 수험서와 단행본을 출간하고 있다.

　늘 책과 함께하는 일을 하기 때문에 책을 읽지 않을 수 없다. 과거에 나는 독서 편식이 심했다. 사업을 시작했을 때는 경제경영 서적만 읽었고 종교에 심취했을 때는 영성 서적만 읽었다. 시기적 상황과 필요에 따라 그에 맞는 책을 고집하는 경향이 있었다. 이런 편향적 독서는 꾸준한 독서 습관에 전혀 도움이 되지 않았다. 상황이 바뀌면 책을 멀리하게 되고 한쪽 분야의 책만 읽다 보니 금방 싫증이 났다. 지금은 문학부터 자기계발까지 다양한 장르로 영역을 넓히면서 독서의 즐거움을 만끽하고 있다.

현재 우리나라 출판업계는 불안한 상황이다. 시간이 갈수록 책을 읽는 사람들이 줄어들고 있기 때문이다. 스마트폰이 본격적으로 보급되면서 출판업계가 타격을 입기 시작했다. 문화체육관광부에서 2015년에 발표한 국민 독서 실태 조사에 따르면 우리나라 성인 중 1년 동안 단 한 권의 책도 읽지 않는 사람의 비율이 34.7%라고 한다. 20년 전에 비해서 21.5%나 증가한 역대 최고 수치다. 현실이 이렇다 보니 책의 위기론이 거론되는 것이 전혀 어색하지 않다. 하지만 다행스러운 것은 독서 인구는 줄어들었지만 책을 읽는 사람의 1인당 독서량은 오히려 증가하고 있다는 사실이다.

서점 역시 급격하게 감소했다. 대형서점과 인터넷 서점이 시장을 잠식하면서 동네 서점이 사라진 지 오래다. 하지만 7~8년 전부터 새로운 형태의 독립 책방이 하나둘씩 생기기 시작했다. 홍대 앞, 이태원, 서촌 등 서울의 색깔 있는 지역을 시작으로 최근 몇 년 사이에 전국적으로 확대되고 있다.

이들 서점은 독립 출판물 또는 장르 출판물을 주로 선보이는 것이 특징이다. 또한 서점 고유의 개성이 강하고 독특한 책을 접할 수 있다는 것이 큰 장점이다. 책의 향기를 느낄 수 있게 하고 만남의 공간을 제공하면서 점차 인기를 끌고 있다. 현재 출판 시장은 불안과 희망이 공존하고 있다. 위기 속에서도 책은 강하게 숨을 쉬고 있는 것이다.

독서의 중요성은 아무리 강조해도 지나치지 않는다. 프랑스의 소설가 마르셀 프루스트는《독서에 관하여》에서 이렇게 말한다.

"우리 내부에 위치한 장소들의 문을 열어 주는 존재로 남아 있는 한 독서는 우리의 삶에 유익하다."

책은 독자와 교감을 갖는 데서 더 큰 의미를 가진다. 나는 책을 통해 많은 영감과 아이디어를 얻는다. 책은 발상 전환과 간접 경험의 기회를 준다. 밤새 책을 읽으면서 푹 빠져들기도 하고 감동적인 이야기에 가슴이 먹먹해지기도 한다. 독서의 필요성은 누구나 알고 있지만 꾸준히 읽기는 쉽지 않다. 책을 읽지 않는 사람들의 이유도 다양하다.

태국의 어느 출판사에서 독특한 아이디어로 독서 캠페인을 개최한 적이 있다. 레스토랑의 테이블 웨어와 은행에서 발행하는 대기표에 책의 일부분을 새겼다. 음식과 순서를 기다리는 동안에 책을 읽을 수 있도록 한 것이다. 또한 와인 병에 라벨 대신 재미

있는 이야기를 담은 소책자를 붙이는 경우도 있다. 와인 한 잔과 함께 책을 읽을 수 있으니 독특하면서도 기발한 아이디어라고 할 수 있다.

나도 독서운동에 동참하고 싶다. 대부분의 사람들은 책을 읽어야 한다고 생각하지만 행동으로 옮기지는 못한다. 할 일이 많고 시간이 없다는 핑계를 댄다. 독서운동은 지금도 각종 기관이나 출판사, 서점 등을 통해 펼쳐지고 있다. 단순히 포스터 하나만으로는 사람들에게 동기부여가 되지 않는다. 태국의 출판사와 책 와인 같은 아이디어처럼 사람들이 책을 자연스럽게 읽을 수 있도록 해야 한다. 독서운동에도 창의적인 아이디어가 필요하다.

현재 나는 북카페를 구상하고 있다. 지금까지 이야기한 책, 독서, 독서운동에 대한 관심 때문이다. 서점은 나름대로의 차별화된 특색이 있어야 한다. 나는 창의력을 주제로 책방을 운영하고 싶다. 창의력이란, 남들과 다른 나만의 생각을 이끌어 내는 능력이다. 기발한 아이디어는 순간적으로 떠오르지 않는다. 창의적 사고를 키우기 위해서는 많은 시간과 노력이 필요하다. 그 방법 중 하나가 바로 독서다. 다양한 경험은 창의적 발상의 토대가 되지만 직접 발로 뛰어다니며 경험의 범위를 넓히는 것은 너무 힘들다. 시간과 비용의 한계로 그 범위는 좁아질 수밖에 없다. 따라서 독서를 통한 간접 경험은 매우 소중하다. 다른 사람들의 스토리를 통해 무한한 경험을 할 수 있고 정보를 습득할 수 있다.

'생각전구의 아이디어 북카페'는 영감을 얻을 수 있고 창의력 개발에 도움이 되는 책들로 가득 채울 것이다. 문학작품부터 디자인이나 광고 등 아이디어를 구현하는 전문서적, 아이디어를 사업에 적용하는 경영 서적 등이 필요할 것이다. 남다른 생각에 목마른 사람들을 위한 지식과 지혜의 샘이 될 것이다.

창의력 개발은 환경과 밀접한 관련이 있다. 중국 북송의 문장가 구양수는 훌륭한 시를 짓기 위한 최고의 장소로 '3上[馬上(마상), 沈上(침상), 厠上(측상)]'을 주장했다. 말을 타고 갈 때, 잠을 청할 때 그리고 화장실에서 좋은 아이디어가 떠오른다는 뜻이다. 또한 미국의 심리학자 로버트 엡스타인과 줄리언 제이니스는 좋은 아이디어를 얻을 수 있는 3B(Bus, Bed, Bath)를 강조한다. 편안하면서도 두뇌를 자극할 수 있는 환경에서 창의적 아이디어가 떠오른디는 것을 알 수 있다. '생각전구의 아이디어 북카페' 역시 최적의 환경에서 책을 읽고 아이디어를 떠올릴 수 있는 독서 공간으로 만들 것이다.

나는 그동안 생각전구 블로그를 운영하면서 시선을 끄는 아이디어 상품들을 많이 소개했다. 쇼핑몰을 운영하고자 하는 사람들에게 블로그에 소개한 상품 중 판매가 될 만한 아이템을 선정해주기도 했다. 해외에는 아이디어 상품을 전문적으로 취급하는 매장이 활성화되어 있다. 생각전구의 아이디어 북카페는 사람들에게 신기하고 독특한 아이디어 상품을 직접 만져 보고 구매할 수 있는 기회를 제공하고자 한다.

카페는 만남의 장소다. 가까운 사람들과 함께 차 한 잔을 마시며 나누는 대화는 언제나 정겹다. 좋은 아이디어는 혼자 힘으로 완성되지 않는다. 자신의 생각을 여러 사람들과 나누고 피드백을 주고받으면서 더 좋은 아이디어를 찾아낼 수 있다. 동일한 관심사를 가진 사람들과 생각을 공유하고 아이디어를 나누며 발전시킬 수 있는 공간으로 만들고 싶다.

생각전구의 아이디어 북카페는 창의력 공장이 되기를 바란다. 수많은 책들이 창의적 생각을 떠올리게 하는 원동력이 되고 기발한 상상력의 연기가 무럭무럭 피어오르는 곳이 될 것이다. 교류와 소통으로 멋진 아이디어를 생산해 내며 창의력 전문가로서의 내 역량이 집약된 공간으로 만들 것이다. 창의력 공장장이 되겠다는 나의 꿈을 반드시 현실로 만들어 세상을 바꿀 수 있는 신선한 아이디어가 쏟아지는 계기를 마련하고 싶다. 또한 우리나라 독서 활성화에 크게 기여할 것이다.

버
킷
리
스
트

11

PART 5

대한민국 여자
아이들의 행복을 위한
재단 설립하기

이 은 지

이은지

'태권숲' 대표, 여아태권도 전문가, '딸내미연구소' 코치, 동기부여 강연가, 책 쓰는 태권도 사범

조금 이른 나이에 시작한 태권도장의 실패로 세상을 다르게 바라보는 법을 배웠다. 국내 최초 여아전문태권도장 '태권숲' 대표로, 여자아이들에게 특화된 운동프로그램을 개발해 가르치고 있다. '딸내미연구소'를 설립해 대한민국의 딸을 키우는 부모들을 위한 메신저로서, 그리고 동기부여 강연가로서 활동하고자 한다. 현재 개인저서를 준비 중이다.

E-mail tkdnss@naver.com
Cafe cafe.naver.com/tkj2

대한민국 최고
여아 전문
강연가 되기

나는 '여자아이들에게만 태권도를 가르쳐야겠다'라고 결심한 뒤 주변 사람들에게 의견을 물어보았다. 사람들은 "태권도를 여자아이들에게만 가르친다고? 왜?", "남자아이들은 어쩌고요?", "또 망하려고 그래요?"라며 전부 반대했다. 희망 섞인 응원은 하나도 듣지 못했다. 문득 예전 기억이 떠올랐다.

내가 대학을 졸업할 무렵 우리 집이 사기를 당해 경매로 넘어가게 되었다. 당장 돈을 벌기 위해 선택한 것이 피트니스 센터의 GX 강사였다. 일정 기간 교육을 받은 뒤 프리랜서로서 서울부터 경기, 인천까지 닥치는 대로 수업을 잡아 뛰었다. 시급도 꽤 괜찮은 편이어서 한창 재미를 느끼고 있었다. 하지만 한두 살 나이가 들어 가면서 직업에 대한 불안감이 밀려오기 시작했다. 마침 같은 대학을 나와 강사활동도 함께하던 친구가 같이 태권도장을 해 보자고 권유했다. 망설이던 나에게 친구는 관장직을 맡으라고 했다. 나는 그 말에 도장을 차릴 결심을 했다.

막상 도장을 차리려니 돈이 필요했다. 집에는 손을 벌리기 싫어 강사생활로 모은 돈을 합쳐 경기도에 위치한 도장을 인수하게 되었다. 미국에 다녀온 경험도 있고, GX 강사로서 태권도 지도자들 세미나도 하고, 대학 때 다양한 아르바이트를 경험해 본 나는 태권도장이 당연히 대박 날 줄 알았다. 하지만 결과는 참패였다.

막연하게 어릴 적부터 사범이 아닌 관장이 되고 싶었고, 도장을 차렸으니 관장 놀이만 하고 싶었다. 교육에 대한 철학이나 이념 같은 것은 아무것도 없는 상태에서 허울 좋게 도장만 가지고 싶었던 것이다. 태권도장의 호황기만 보고 자란 나로서는 도장을 열기만 하면 성공할 줄 알았다. 또한 못된 것은 빨리 배운다고, 사범을 고용해서 수업을 시키고 나는 놀러 다닐 생각만 머리에 가득 차 있었다. 아이들에게 태권도를 왜 가르치는지 목적의식도 없이 원생을 모으는 데만 집착했다.

실패하고 나서도 조금의 반성도 없이 '이곳은 내 교육을 받아들이지 못한다'라는 말도 안 되는 결론을 내리고 다른 사람에게 도장을 인도했다. 그 뒤로 한 번 더 도장 운영에 실패하고 다시는 태권도를 하지 않겠다고 다짐했다. 두 번의 사업 실패로 있는 돈은 다 까먹고 빚은 산더미에, 주머니에는 단돈 2만 원이 전부였다. 나는 태권도와 전혀 상관없는 기획부동산 면접도 보고 장사를 해보겠다고 시장조사를 하러 돌아다니기도 했다.

　방황하며 지내던 중에 피트니스 강사 일을 하면서 알고 지내던 태권도 컨설팅회사 대표가 교육부 팀장 자리를 제의했다. 나는 고민 끝에 '그래, 내가 망한 이유를 찾아보자'라는 심정으로 입사했다. 교육부 팀장 업무는 전국 컨설팅회사에 가맹되어 있는 태권도장에 서식자료와 영상자료를 만들어 발송하고 세미나를 진행하는 일이었다. 또한 각 지역의 관장들을 만나고 전화로 회원 관리도 했다. 일은 생각보다 재미있었다. 시끄러운 아이들 소리도 듣지 않아도 되고, 엄마들의 무리한 부탁을 무조건 수용해 줄 필요도 없었다.

　그렇게 1년을 일하면서 내 도장이 망할 수밖에 없었던 이유를 알게 되었다. 나는 몰라도 너무 몰랐다. 경영도 몰랐고 교육도 몰랐고 아이들도 몰랐고 부모들도 몰랐다. 도장을 차리기만 하면 저절로 아이들이 들어차는 줄 알았다. '남들은 그냥 되는 것 같은데 나만 왜 안 되는 걸까?'라고 불만만 가득했다. 바보 같았던 내 모습을 생각하니 눈물이 하염없이 흘렀다. 나에 대한 진정한 반성이었다.

　그런 사실을 깨닫고 나자 언제까지나 회사에만 안주하고 있을 수는 없었다. 마침 회사 이전 문제와 직원들의 급여 인상 문제로 회사가 시끄러웠다. 나는 퇴사를 결심했다. 하지만 고민에 빠지기 시작했다. 태권도장으로 다시 돌아갈 것이냐? 아니면 다른 것에 도전해 볼 것이냐?

그때 TV에서 김미경 아트스피치 강사를 보게 되었다. 나의 가슴은 요동치기 시작했다. '그래, 나도 내 이야기를 남들 앞에서 하는 거야!' TV 속의 저 사람처럼 사람들 앞에서 메시지와 희망을 전달하는 강사가 되고 싶었다.

나는 어릴 적부터 말하는 것을 좋아했지만 그것으로는 부족했다. 체계적으로 말할 수 있는 교육이 절실히 필요하다고 생각했다. 퇴사 후 국비지원으로 강사 교육을 받았다. 강남에 위치한 CS(서비스 강사) 교육처에서 교육을 받는 동안 너무 행복했다. 강사로서 청중 앞에서 강의하는 모습을 상상하며 하루하루 각 분야의 강사들에게 코칭을 받았다. 말할 때 움직이는 습관, 말끝을 흐리는 습관 등 여러 가지 습관들을 고치게 되었다. 각 분야의 전문가들에게 가르침을 받고 질 높은 교육을 받으니 자신감이 생기기 시작했다.

교육을 받는 동안에도 마음 한편에 태권도에 대한 그리움이 있었다. 다시 한 번 태권도장으로 돌아가고 싶다는 생각이 들었다. 그러나 두 번의 실패와 그로 인한 손해까지 생각하니 다시 도장으로 돌아갈 용기가 나지 않았다.

그때 마침 대학 선배에게서 연락이 왔다. 선배가 운영하고 있는 도장의 지도관장으로 와 달라고 했다. 내가 첫 번째 도장에 실패하고 두 번째 도장을 준비하고 있을 때도 지도관장을 제의해 왔던 도장이었다. '그래, 마지막이라고 생각하고 내가 공부한 것을 쏟아 내 보자'라는 심정으로 지도관장 생활을 시작했다. 정말 재미있었다. 아이들을 지도하면서 보람도 느끼며 그동안 쌓아 왔던 노하우와 지식을 마음껏 쏟아부었다. 하루하루가 즐거웠다.

그러던 어느 날, 여자아이들만을 위한 운동으로 '여아태권도'를 해야겠다고 다짐하게 되었다. 그 후 도장을 나와 여아태권도를 시작한다고 했을 때 주변의 반응은 부정적이었다. 만약 그때 모든 사람들이 긍정적으로 "될 것 같아요."라고 이야기했으면 오히려 포기했을지도 모른다. 사람들의 '안 될 것 같다'라는 말에 나는 이를 악물었다. '이번에는 망해도 괜찮다. 아니, 망하지 않을 것이다. 단 한 명의 여자아이라도 마음 놓고 운동할 수 있다면 뛰고 또 뛸 것이다'라는 심정이었다.

결과는 놀라웠다. 여자아이가 무슨 운동이냐고 부정적인 생각을 하던 엄마들의 마음이 움직였고, 여자아이들끼리만 운동하면 약하지 않느냐는 아빠들의 인식이 변화하기 시작했다. 그리고 운동이 꼭 필요한 여자아이들이 운동을 하기 위해 모여들었다. 나는 딸을 키우는 엄마들에게는 육아 고민을, 딸과 소통하고 싶은 아빠들에게는 딸과의 소통을 상담해 주기 시작했다. 그러자 사람들의 반응은 "대단하다.", "어떻게 그런 생각을 했냐?", "나도 하고 싶다."로 바뀌었다.

이제 나는 또 새로운 도전을 꿈꾼다. 바로 '대한민국 최고의 여아 전문 강연가'가 되는 것이다. 누군가는 나에게 "네가 무슨 강연가? 그것도 최고 강연가? 말도 안 되는 소리 하지 마."라고 이야기할지도 모른다. 그럴수록 마음속으로 반드시 이루겠다고 외칠 것이다. 그러다 보면 "강연 잘 봤어! 대단하던데!"라는 소리를 들으며 여기저기서 강연 요청이 쏟아질 것이다.

나는 오늘도 여자아이들의 운동 교육을 위해 뛴다. 그리고 대한민국 최고의 여아 전문 강연가라는 꿈을 향해 뛸 것이다.

어릴 적 꿈꾸던
벤츠, BMW, 포르쉐
3대 보유하기

성공을 꿈꾸는 사람이라면 '벤츠', 'BMW', '포르쉐'라는 단어를 듣는 순간 가슴이 세차게 뛸 것이다. 나는 '저 차들 중의 한 대가 내 것이라면…' 하는 상상만으로도 입이 귀에 걸린다. 차에 관심이 없더라도 잠시 눈을 감고 상상해 보자. 누군가 뒤에서 안아주듯 푹신한 의자에 앉으면 넓은 앞 유리창으로 탁 트인 도로가 보인다. 차 문을 닫는 순간, 밖의 소음은 전혀 들리지 않는다. 시동을 걸면 약간의 진동으로 기분 좋은 떨림이 느껴진다. 그리고 도로를 향해 차가 움직이기 시작한다. 상상만 해도 행복하지 않은가? 이런 나도 처음부터 차에 대한 욕심이 있지는 않았다.

"너, 신발이 이렇게 많은데 또 사 달라고?"
"나중에 크면 신발장수에게 시집가려고 그래?"

나는 어릴 때 늘 이런 말을 들으며 자랐다. 나는 신발이라면 자다가도 벌떡 일어나는 신발광이다. 신발 중에서도 운동화를 가장 좋아한다. 운동선수를 해서 운동화를 좋아한다고 생각할 수 있지만 아주 어릴 적부터 신발에 대한 욕심이 많았다고 한다.

하루는 엄마가 이제 막 걸음마를 시작한 나를 데리고 가족과 함께 외식을 하러 갔었다고 한다. 엄마는 식당에서 음식을 먹으며 이야기를 하느라 내가 사라진 것을 모르고 있었다. 한참이 지난 뒤 눈치를 챈 엄마가 놀라서 식당 안을 뒤지고 밖으로 찾아 나서려는데 신발장 앞에서 나를 발견했다고 한다. 식당 문 앞 신발장 앞에서 다른 손님들의 신발을 하나씩 꺼내어 신어 보고 있었다는 것이다. 엄마는 "어찌 저리도 신발을 좋아할까?"라며 한탄했고 식당에 있던 사람들은 모두 나를 보며 한바탕 웃었다고 한다.

이렇게 신발을 좋아하는 나에게 신발보다 더 가지고 싶은 물건이 생겼다. 그건 바로 KBS-2TV에서 방영한 어린이 드라마 〈천사들의 합창〉에 나오는 어린이 전동 자동차였다. 지금은 전동 자동차가 흔하지만 그 당시에는 찾아볼 수도 없는 것이었다. 나와 비슷한 또래의 아이가 전동 자동차를 직접 운전하다니 너무 신기했다. 나는 그 드라마에서 자동차가 나오는 장면만을 매일 손꼽아 기다렸다. 꿈에서도 전동 자동차를 타고 다닐 정도로 그 자동차가 갖고 싶었다. 너무 갖고 싶은 마음에 하루는 큰맘을 먹고 엄마에게 말도 안 되는 투정을 부리기 시작했다.

"엄마, 나도 저 전동 자동차 사 줘. 나도 자동차 타고 싶어."
"자전거도 아니고 자동차를 사 달라고? 이제 하다하다 못 하는 소리가 없어. 저건 외국이니까 가능한 거지."

엄마는 말도 안 되는 소리라며 더 이상 대답도 하지 않았다. 지금 생각하면 웃음이 나오지만 그 당시에는 억울하고 분했다. 중·고등학교 시절을 보내면서도 나의 자동차 사랑은 식지 않았다.

그런 나를 자극하는 일이 있었다. 서울에서 용인으로 버스와 지하철을 갈아타며 왕복 3시간이 넘게 대학에 다닐 때였다. 하루는 아르바이트 시간에 늦지 않기 위해 서울로 가는 버스를 타려고 정신없이 걸어가고 있었다. 그때 뒤에서 갑자기 경적 소리가 들렸다. 뒤를 돌아보니 H사의 S자동차였다. 누군가 창문을 내리고 내게 손짓을 하며 "타!"라고 하는 것이 아닌가? 차 안에서 나에게 손짓을 한 사람은 고등학교 동기 J였다. 나는 눈을 비비고 다시 쳐다보았다. '뭐지? 예전에 구질구질하던 그놈이 아닌데?' 운전석에 앉아 있는 J는 왠지 모르게 달라 보였다.

차를 얻어 타고 서울로 가는 동안 한 손에 핸들을 잡고 다른 한 손으로 기어를 넣는 J의 모습을 보며 그렇게 부러울 수가 없었다. 차 하나로 이렇게 사람이 달라 보이다니, 차의 위력을 알 수 있었다. 난 아직도 그날의 기억을 잊을 수가 없다. 내가 학창시절에 상상하던 대학생활의 모습이었기 때문이다.

나는 운전면허 취득을 위해 스무 살 생일이 지나기만을 기다렸다. 면허를 취득하면 나도 이제 운전을 할 수 있겠다고 생각하니 웃음이 절로 나왔다. 드디어 생일이 지나고 운전면허시험장으로 달려가 필기시험을 접수했다. 다른 친구들은 필기시험부터 도로주행 합격까지 한 번에 풀코스로 진행하는 학원에 등록했지만 난 그럴 돈이 없었다. 혼자 필기시험 공부를 시작했고 운 좋게도 단번에 합격했다.

시험 날, 약간 긴장이 되긴 했지만 평소에 관심을 많이 가져서 그런지 운전면허 필기시험은 생각보다 쉬웠다. 필기시험 합격 후 기능시험까지만 가르쳐 주는 작은 운전면허 학원에 등록했다. 가족이 함께 운영하고 있는 학원이었다. 접수는 딸이 받았는데 내가 여자여서 그런지 나에게 "2종 보통이시죠?"라고 물었다. 나는 당당하게 "아니요, 1종 보통입니다."라고 대답했다. 그런 내 모습이 재미있었는지 우리는 금방 친해졌다.

운전기능 연습은 너무 재미있었다. 기어를 넣고 핸들을 돌리고 차가 움직이기 시작했다. "차가 움직여요, 제가 운전을 해요." 나는 기능 선생님에게 호들갑을 떨었다. 두 달 동안 하루도 빼먹지 않고 매일 연습했다. 누워서도 이미지 트레이닝을 하고 길을 걸어 다닐 때도 운전을 하듯이 걸어 다녔다. 나는 무언가 하나에 꽂히면 끝까지 파고드는 근성이 있다. 그 덕분인지 실기기능시험도 한 번에 합격했다. 기능시험까지만 교육하기로 계약이 되어 있어서 도로주행시험은 혼자 연습을 해야 했다. 그런 내 사정을 학원 식구들이 알게 되었고 적은 금액으로 도로주행시험 연습을 할 수 있도록 배려해 주었다. 그 덕분에 면허를 취득할 수 있었고 드디어 운전을 할 수 있게 되었다.

기쁨도 잠시, 운전면허를 취득하기는 했지만 차는 상상 속에서만 타야 했다. 면허를 가지고 있다고 해서 차를 살 수 있는 것은 아니었기 때문이다. 나는 절망했다. 그렇다고 어릴 때처럼 엄마에게 차를 사 달라고 조를 수도 없었다. 대학 입학 후 선수생활도 포기한 상태라서 등록금과 용돈을 벌어야 하는 상황이었기 때문이다. 나는 닥치는 대로 아르바이트를 시작했다. 만약 그때, 등록금과 용돈을 벌기 위해 어쩔 수 없이 아르바이트를 했다면 금방 지쳐 버렸을 것이다. 하지만 나에게는 차를 사고 싶다는 간절한 목표가 있었다. 목표가 있었기에 대학 4년 동안 쉬지 않고 아르바이트를 할 수 있었다.

건축사무소 전단지 아르바이트를 시작으로 헬스장 트레이너, 경호원, 아이스크림 장사까지 학기 중에도 아르바이트를 계속했다. 어느 정도 돈이 모여 소형차를 살 수 있는 희망이 보일 때쯤 법원으로부터 집이 경매로 넘어간다는 통지서가 왔다. 왜 나에게만 이런 시련을 주는지 하늘이 원망스러웠다. 하지만 주저앉아 있을 수만은 없었다. 매일 꿈을 꾸고 생각했다. '차를 갖고 싶다. 내 차를 갖고 싶다.'

마침내 내 첫 차를 가질 수 있게 되었다. 검은색 SUV 자동차를 계약하고 나는 두 팔 벌려 하늘을 향해 외쳤다. "예스! 예스! 예스!"라고 말이다. 지나가는 모르는 사람을 붙잡고 "저, 차 샀어요."라고 이야기하고 싶었다. 몇 십 년을 기다린 내 차가 아닌가. 차에 '티지'라는 이름도 지어 주었다. 그동안의 고생을 모두 보상받는 듯했다. 노래 가사처럼 차를 타고 '서울, 대전, 대구, 부산 찍고' 어디든 갈 수 있을 것 같았다.

차는 나에게 좋은 구두이고 신발이었다. '좋은 구두를 신으면 좋은 곳으로 데려다준다'라는 말이 있다. 10대에 차를 살 수 없었던 나에게 신발은 차를 대신해서 나를 돋보이게 해 주었고 나의 첫 차 티지는 여러 지역에서 피트니스센터 GX 강사로 활동할 수 있게 해 주었다. 국산차였지만 20대 중반의 나이에 차를 타고 다니는 나를 사람들은 우습게 보지 않았다. 차는 나를 더욱 강하게 만들어 주었다. 차를 구입한 뒤 없던 자신감도 생겼다. 차는 현재의 나를 말해 주고 미래의 나를 이끌어 주는 원동력이다. 반드시 크게 성공해서 내가 꿈꾸던 명품 차 3대를 가질 것이다.

한부모가정 아이들에게
희망 멘토 되기

얼마 전 JTBC에서 방영하는 〈말하는 대로〉라는 프로그램에서 '작가 허지웅 편'을 보았다. 허지웅 씨는 방송에서 좋은 어른에 대해 이야기했다. 프로그램을 보는 내내 나의 어린 시절이 떠올랐다.

어릴 때 나는 어른이 되고 싶지 않았다. 어른이라면 자신의 행동에 책임을 져야 한다는 생각이 강했기 때문이다. 나는 사람들에게 나의 어린 시절에 대한 이야기를 잘 하지 않는 편이다. 하지만 내 글을 읽고 단 한 명이라도 희망을 가질 수 있다면 좋겠다는 생각으로 이 글을 쓴다.

나의 어릴 적 꿈은 사람들을 즐겁게 해 주는 개그우먼이었다.

친구들이 만화영화에 빠져 있을 때도 나는 개그 프로그램을 더 즐겨 보았다. 개그 중에서도 슬랩스틱 코미디를 가장 좋아했다. 우스꽝스럽고 바보 흉내를 낸다고 싫어하는 사람들도 있겠지만 나는 그런 모습이 너무 재미있었다. 특히 개그맨 심형래 아저씨는 나의 우상이었다. 친척들이 모이면 영구 흉내를 곧잘 냈고 다들 나를 보며 즐거워했다. 나는 이렇게 남을 즐겁고 재미있게 해 주는 것을 좋아했었다. 하지만 자라면서 웃음은 나를 보호하기 위한 방패막이가 되어 버렸다.

엄마는 2대 독자인 아빠에게 시집을 오셨다. 3대 독자인 동생을 낳기 위해서 강북에서 강남에 있는 병원까지 매일 버스를 타고 다니셨다고 한다. 어린 나를 데리고 다니시느라 많이 힘드셨을 것이다. 매월 있는 제사에는 할머니를 도와서 제사 음식을 준비하셨다. 그런 엄마에게 "엄마 힘들지?"라고 물으면 엄마는 "아니, 하나도 힘들지 않아."라고 대답하셨다.

아빠는 매일 집에 들어오시지 않았다. 일주일에 한 번, 길면 2주에 한 번 집에 오셨다. 할아버지는 3일에 한 번씩 우리 집에 오시곤 했다. 자전거를 타고 오셔서 늘 반갑게 나를 불러 주시곤 했다. 할아버지가 오시면 엄마는 늘 따뜻한 밥과 반찬 그리고 맥주 한 병을 대접해 드렸다. 밥 한 그릇을 뚝딱 비우신 할아버지는 "어미야, 잘 먹고 간다."라고 말하시고는 자리를 뜨셨다.

엄마는 항상 웃었다. 하지만 내 눈에 엄마는 늘 쓸쓸해 보였다. 엄마는 아빠를 많이 좋아하셨던 것 같다. 가끔 아빠가 집에 오시면 콧노래를 부르면서 음식을 준비하셨다. 아빠는 집에 올 때 항상 선물을 가득 사 가지고 오셨다. 마치 산타 할아버지가 온 것 같았다. 엄마는 아빠가 주무시는 동안 방해가 되지 않도록 나와 남동생이 떠들지 못하게 하셨다.

며칠을 잠만 주무시던 아빠는 지방에 일을 하러 간다면서 또다시 집을 떠나셨다. 아빠가 집을 떠나면 엄마는 베란다에서 남모르게 우시곤 했다. 당시에는 '아빠가 일을 하러 가는데 엄마는 왜 슬퍼하실까?'라는 생각에 엄마의 행동이 이해가 되지 않았다. 어린 마음에 아빠가 또 선물을 사 올 거라는 기대만 했던 것이다.

시간이 흘러 내가 초등학교 4학년쯤 되었을 때 엄마와 아빠가 크게 다투셨다. 그전에도 종종 다투시기는 했지만 그때처럼 큰 소리가 난 적은 없었다. 그 후로 아빠는 집을 나가서 3개월이 지나도록 오시지 않았다. 하루는 엄마가 나를 불러 이야기하셨다.

"은지야, 아빠한테 다른 아줌마가 생겼대."

나는 이해할 수 없었지만 그동안의 상황이 파악되었다. 지금 생각해 보면 아빠가 지방으로 일을 하러 가셨던 것이 아니라, 두

집 살림을 하느라 집에 오시지 못했던 것이었다. 엄마는 많이 힘들어하셨다. 그 후로 아빠가 오는 횟수도 눈에 띄게 줄어들었다.

나는 친구들에게 학교나 학원, 집에서 일어나는 일을 이야기하거나 티 내지 않았다. 오히려 집 분위기가 안 좋을 때면 밖에서 더 밝게 생활했다. 그때부터 나는 웃음으로 자신을 보호하기 시작했다. 다른 사람들에게 우울한 마음을 들키고 싶지 않았기 때문이었다. 밖에서는 웃었지만 집에 오면 말도 하기가 싫었다.

하루는 엄마가 나를 불러 아빠에게 편지를 쓰라고 하셨다. 딸인 내가 돌아오라고 편지를 쓰면 아빠가 마음을 돌릴 거라고 생각하셨던 것이다. 나는 편지를 쓰기가 싫었다. 편지를 쓴다고 아빠가 돌아올 것 같지가 않았다. 엄마의 부탁이라서 억지로 편지를 썼지만 아빠에게 전해 줄 때마다 아빠의 표정이 좋지 않으셨다. 아빠에게 편지를 쓰다 그만둔 이후로 나는 어느 누구에게도 편지를 쓰지 않았다. 글 자체를 쓰고 싶지 않았던 것 같다. 그랬던 내가 지금 이렇게 글을 쓰고 있다는 것이 신기하기만 하다.

그 후로 우리 집은 허울만 가족이었다. 밖에서 봤을 때는 전혀 문제가 없는 가정이었다. 당시 태권도 선수생활을 했던 나는 운동에 더욱 집중했다. 태권도장은 나의 유일한 안식처였다. 운동이 힘들긴 했지만 집에 있는 것보다 마음이 편해서 좋았다. 내가 중학교에 입학하고 엄마와 아빠는 사이가 더 멀어졌다. 아빠는 가끔

주던 생활비도 더 이상 주지 않으셨다. 엄마 혼자 우리를 책임져야 하는 상황이 되었다. 살던 집에서도 쫓겨나서 지방에 있는 셋방으로 이사를 했다. 비가 많이 오는 여름날에는 하수구가 역류해서 물을 퍼내기 바빴다. 그것도 모자라 고모가 엄마 몰래 엄마 명의로 대출을 받아서 써 버리는 바람에 빚이 늘어났다. 엄마는 이런 상황에서도 아빠가 돌아오기만을 기다리셨다.

　나는 고등학교에 태권도 특기생으로 입학했다. 지방에서 경기가 있는 날에는 전날이나 새벽에 일찍 집을 나서는 경우가 많았다. 그럴 때면 엄마는 그 핑계로 아빠와 연락을 하시곤 했다. 다행히 아빠는 나의 일에는 관심을 많이 가져 주셨다. 경기가 있는 날에는 응원도 해 주고 끝까지 함께 있어 주기도 하셨다. 아빠의 모습을 본 친구들은 나를 부러워했다. 나는 속으로 '남의 속도 모르면서…'라고 생각했다.

　대학에 입학할 때쯤 나도 아빠와 연락이 끊어졌다. 엄마의 악착같은 생활력 덕분에 대학교에 입학하게 되었고 조금 넓은 지하방으로 이사를 살 수 있었다. 같은 지하방이었지만 동생은 자신의 방이 생겼다면서 너무 좋아했다. 좋은 것도 잠시, 집이 경매로 넘어가 버렸다. 계약할 당시 전셋집이 은행에 담보 대출이 되어 있었는데 문제가 생긴 것이었다. 집주인이 집 담보대출을 받고 도망쳐 버렸기 때문이다. 당시 동생은 고작 고등학생이었고 엄마는 배움이 짧아 해결할 능력이 없었다. 나는 집주인을 찾기 위해 경찰

서로, 법원으로 2년을 쫓아다녔다. 도움을 청할 곳이 어디에도 없었다. 결국 노력 끝에 집주인을 찾을 수 있었다. 고등법원에서 만난 집주인은 검사에게 눈물을 흘리면서 말했다.

"갚을 마음이 없었던 것이 아니고 사정이 어려웠습니다. 공증을 해 주고 조금씩 갚겠습니다."

하지만 그는 법원을 나오자마자 태도를 바꿔 나에게 말했다.

"야, 너 운동했다면서? 그래, 쳐라! 공증은 못 해 주니까 그런 줄 알아!"

그러더니 택시를 타고 도망쳐 버렸다. 그날 나는 태어나서 처음이자 마지막으로 길거리에 누워서 대성통곡을 하며 울었다. 또다시 어른에게 배신을 당한 기분이었다. 그 후로 더 이상 사람을 믿을 수가 없었다. 모두 웃고 있지만 거짓말을 하고 있는 것 같았다.

이 모든 일들이 내 나이 스물세 살이 되기 전에 일어난 사건들이다. 왜 나에게만 이런 일이 생기는지 화가 난 적도 많았다. 삐뚤어지고 싶은 마음도 있었다. 하지만 언제나 나를 믿어 주는 엄마가 있었기 때문에 인생을 함부로 살 수가 없었다. 또한 태권도를 하면서 긍정적인 마음을 가질 수 있었다.

나에게는 꼭 이루고 싶은 꿈이 있다. 과거의 나처럼 힘든 시간을 보내는 아이들에게 힘이 되어 주고 싶다. 부모의 잘못으로 고통받는 아이들에게 너희의 잘못이 아니라고 말해 주고 싶다. 또한 자신만 힘들다고 생각하는 사람들에게 그렇지 않다고 용기를 주고 싶다. 한부모가정 아이들에게 희망과 용기를 주는 멘토로서 진짜 행복한 웃음을 전해 주고 싶다.

전국에
여아 전문 태권도장
100개 만들기

나는 하늘을 나는 꿈을 자주 꾸었다. 꿈속에서 나는 영화에 나오는 영웅들처럼 바람을 가르며 건물 사이를 자유롭게 날아다녔다. 하늘을 나는 꿈을 꾼 날은 몸이 더 개운했다. 꿈 때문인지 그날은 기분 좋은 일도 많았다. 태권숲은 나에게 자유롭게 하늘을 나는 꿈 같은 곳이다.

나는 태권숲 이전에도 아이들을 가르치는 사범이었다. 그러나 아이들을 가르치는 것이 매시간 즐겁지만은 않았다. 매일 똑같은 일상처럼 느껴졌다. 아이들을 가르칠 때도 그동안 경험해 온 노하우만으로 가르치는 것 같아 스스로에 대한 만족감도 없었다. 이마에는 내 천(川) 자를 그리고 강압적인 말투로 아이들에게 소리를 질렀다. 대학을 다니면서 아이들을 지도할 때는 선수생활을 하던 모습이 몸에 남아 손에서 몽둥이를 놓지 않았다.

그랬던 내가 여아 전문 태권도장 태권숲을 시작하고 모든 것이 바뀌었다. 아이들을 지도하는 것이 얼마나 즐겁고 보람된 일인지 알게 되었다. 매일 아이들이 기다려졌다. 아이들에 대해 공부하고 연구를 하니 참아 주는 것이 아니라 이해를 하게 되었다. 기분 좋게 생활하고 긍정적으로 아이들을 바라보니 얼굴 표정도 부드럽게 바뀌어 있었다. 주변에서는 "뭐 즐거운 일 있어?"라고 물어보기 시작했다. 앞서 실패한 두 번의 태권도장을 운영하는 동안에는 "피곤해 보인다. 무슨 걱정 있냐?"라는 소리를 더 자주 들었다.

국세청과 통계청 자료에 따르면 2014년 기준 창업자는 106만 명, 2015년 기준 폐업자는 73만 명 정도라고 한다. 업종별 비중은 서비스가 제일 많고 그다음으론 부동산, 임대, 소매, 음식 순서였다. 태권도장은 교육서비스업이다. 무용학원이나 피아노학원은 교육청 관할이지만 태권도상은 시청관할이다. 나는 이런 기본 사항도 모르고 태권도장 창업에 뛰어들었다.

두 번의 도장 실패 끝에 동업은 안 된다는 주변의 만류에도 불구하고 나는 2014년 4월 광명시 하안사거리에 여아 전문 태권도장 태권숲 하안본관을 개관했다. 인원수는 당연히 0명, 가르치는 사람만 2명이었다.

기존에 알려져 있는 길거리 홍보방법으로 도장을 알리고 싶지 않았다. 도장에 대한 홍보가 아닌, '왜 여자아이들이 운동을 해야 하는지', '무엇을 다르게 배우는지'에 대해서 이야기하고 싶었다. 당시 블로그가 유행이었다. 할 줄도 모르는 블로그를 무작정 만들어 글을 쓰기 시작했다. 의외로 반응이 꽤 좋았다. 여러 마케팅 업체들이 여아태권도를 홍보해 주겠다며 전화와 방문을 하기도 했다. 홍보비도 없었지만 인위적으로 홍보하고 싶지는 않았다. 진정한 교육을 하고 싶었다. 내가 진정한 교육에 대해 이야기하면 사람들은 바보 같다고 말했다. 나는 차라리 바보가 되고 싶었다. 진심을 다해 교육하는 행복한 바보 말이다.

처음 도장을 시작할 때 나는 홍보방법을 몰랐다. 할 수 있는 일이라곤 출퇴근길에 집집마다 홍보전단지를 붙이는 것이 전부였다. 점점 지쳐만 갔다. 하루는 옆 동네에서 도장을 운영하는 대학 선배가 찾아왔다. 자신이 아는 태권도장 모임을 소개시켜 주었다.

400명 이상의 관원생을 보유한 관장님이 태권도장 홍보방법과 인성교육을 주제로 세미나를 진행했다. 세미나 내용은 매우 놀라웠다. 나는 세미나에서 배운 내용을 바로 실천했다. 하지만 교육은 잘 적용되지 않았다. 그것은 원생이 200명이 넘는 도장에서만 적용 가능한 교육 내용이었다. 원생이 20명밖에 되지 않는 우리 도장에는 해당 사항이 없었다. 절망적이었다. 각종 모임을 찾아다니는 나 자신이 한심하기도 하고 안쓰럽기도 했다. 당시에는 아이들을 가르치는 것도 즐겁지 않았고, 내 도장을 가지고 있는 것도 만족스럽지 못했다. 그러니 도장이 잘될 수가 없었다.

태권숲을 시작하고 드디어 첫 아이가 상담을 하러 왔다. 5학년 여자아이와 엄마였다. 인테리어 공사 중이라 어수선했지만 상담은 만족스러웠다. 운동은 4월 첫 주부터 시작하니 그때 오라고 이야기했다. 첫 번째 입관생이었다. 나와 꿈 친구는 뛸 듯이 기뻐했다.

첫 수업을 시작하기 전 걱정을 많이 했지만 한순간에 사라졌다. "여기 정말 여자아이들만 운동하는 곳 맞아요?", "처음 봤어요. 여자아이들만 운동하는 곳.", "딸 키우는 엄마인데 아이가 고학년이라 어떤 운동을 시킬까 고민이 되었지만 이제 그러지 않아도 되겠어요." 등등 반응은 기대 이상이었다. 신도시가 아닌 기존의 지역에서 일반 태권도장을 했다면 상상도 할 수 없었던 일이다.

얼마 전 보험회사와 재미난 일이 있었다. 태권도장 자동차 보험 만기일이 다가와 D회사의 담당자와 통화를 하게 되었다. 작년보다 보험료가 많이 인상되어 내 신경은 매우 곤두서 있었다. 목소리 또한 좋지 않았다. 한참 상담을 하는데 도장 전화벨이 울렸다. 잠시 담당자에게 양해를 구하고 도장 전화를 받았다. 전화를 끊고 다시 통화를 시도하는데 담당자가 나에게 물었다. "혹시 학원 하세요? 원장님이셨구나! 수학학원? 보습학원?" 방금 전까지

퉁명스럽게 통화하던 내 목소리가 생각났다. 거짓으로 이야기를 해야 하나 조금 망설였다. 나는 목소리 톤을 바꾸고 "여자아이들만 전문으로 받는 태권도장입니다."라고 말했다. 담당자는 "그런 데가 있어요? 저희 딸이 세 살인데 다섯 살부터 태권도를 시키고 싶었거든요."라고 말했다.

어느 순간 보험 상담은 뒷전이고 그녀의 딸에 관한 상담으로 통화 내용이 바뀌었다. 아이가 세 살이니 신체놀이를 하면 좋고, 아빠가 함께 몸으로 놀아 주면 더 좋다고 이야기했다. 여자아이들은 다섯 살 전까지 아빠가 몸으로 놀아 주면 몸놀림이 더 좋아진다. 여자아이마다 개인차는 있지만 여섯 살부터 몸을 만드는 수업을 시작하는 것이 좋으니 일곱 살부터 태권도 수업이 가능한지 체크를 받아 보라고 했다.

담당자는 자신이 운동 경험이 없어서 딸을 키우면서 궁금한 것이 많았는데 이제 물어볼 곳이 있어 안심이라고 말했다. 그러면서 자신이 사는 동네에도 태권도장을 열어 달라고 했다. 나는 더욱 열심히 노력해 보겠다고 이야기하고 궁금한 사항이 있으면 언제든지 전화를 달라고 말하고 전화를 끊었다.

가끔 공간만 분리해서 여자아이들을 교육시키면 되는 것 아니냐고 물어보는 사람이 있다. 그것이 가능했다면 나도 바보가 아닌 이상 그렇게 하지 않았을까? 교육이 아닌 장소에만 초점을 맞춘다면 그것이 진정한 교육일까? 여아 전문 태권도장인 태권숲을 시작하기 전, 나는 다양하고 지속적으로 몸을 움직일 수 있게 여아교육시스템을 만들었다. 시각이 발달한 여자아이들의 감각이 무뎌지지 않도록 여아감각교육프로그램을 개발했다. 자체적으로 제작한, 여자아이들만을 위한 T-Book 교재를 만들어 다르게 교육을 진행하고 있다.

처음 태권숲을 시작할 때는 2호점을 내는 것은 생각하지도 못했다. '한 명의 여자아이라도 편하게 운동할 수 있으면 좋겠다'라는 생각만 했었다. 이제는 전국의 여자아이들이 행복하게 운동을 했으면 좋겠다. 또한 나처럼 힘들게 도장을 운영하는 사람들에게 도움을 주고 싶다.

"가난한 사람에게나 부자인 사람에게나 공평하게 주어진 것은 24시간이다."

내가 가장 좋아하는 말이다. 나에게는 꿈이 있고 공평하게 주어진 24시간이 있다. 3년 뒤 전국에 여아 전문 태권도장 100호점 오픈을 위해 뛰고 또 뛸 것이다.

딸내미연구소 및
재단 만들기

법원에서 우편물이 도착했다. 기한 내에 집을 비워 달라는 통보였다. 우리 집은 다른 사람이 경매로 낙찰을 받았다. 집을 다시 찾고 싶었지만 가진 돈이 없었다. 그 집에서 나올 수 밖에 없었던 우리 식구는 가지고 있던 돈과 삼촌들이 조금씩 모아 준 돈을 합쳐서 작은 월셋집을 얻었다. 그때가 내 인생에서 가장 힘든 시기였던 것 같다. 매일 법원과 경찰서를 가지 않으면 허전할 정도였으니 말이다. 잠시 숨을 고를 시간이 필요하다고 느꼈다.

그 당시에는 보물지도를 만드는 것이 유행이었다. 장난 반 진심 반으로 보물지도를 만들었다. 보물지도 안에는 비행기 그림을 오려 붙이고 '해외여행'이라고 써 놓았다. 또한 63kg 때 사진을 붙여 놓고 '다이어트'라고 적어 놓았다. 마지막으로 차를 가지고 싶다고 적었다. 보물지도를 벽에 붙여 놓고 아침, 저녁으로 보면서 외쳤다.

"이루어져라!"

얼마 지나지 않아 보물지도에 적어 놓은 소원 중 하나인 비행기를 탈 수 있는 기회가 생겼다. 너무 신기했다. 우연일 수도 있지만 보물지도 덕분인 것 같아서 너무 고마웠다.

나의 첫 번째 여행의 목적지는 미국의 노스캐롤라이나였다. 지인들이 운영하는 태권도장이 연합해서 미국의 노스캐롤라이나 K도장으로 태권도 교류를 가게 되었던 것이다. 여자사범이 꼭 필요하다고 해서 나는 고민 없이 함께 가기로 결정했다. 제주도 여행도 한 번가 보지 못한 내가 첫 여행을 미국으로 간다는 것에 너무 신이 났다. 새로운 환경으로 간다는 사실이 너무 기뻤다. 여권을 만들고 대사관에 가서 비자도 받았다. 미국행 비행기에 탑승하자마자 너무 긴장을 해서인지 배에 가스가 차고 속이 더부룩했다. 비행기 안에서는 잠도 잘 오지 않았다.

태권도 교류뿐만 아니라 여행 일정도 포함되어 있어서 우리는 관광을 위해 먼저 뉴욕에 도착했다. 뉴욕은 너무나도 멋있었다. 자유의 여신상도 보고 9·11 테러 현장에도 가 보았다. 뉴욕 여행을 마치고 K도장이 있는 곳으로 이동했다.

K도장은 우리나라로 치면 교외에 위치하고 있었다. 한적하고 조용하며 뉴욕처럼 복잡하지 않았다. K도장은 한국의 도장과는 분위기가 너무 달랐다. 단독 건물에 평수는 200평이 넘어 보였다. 복층으로 된 상담실은 으리으리했다. 수련생들 또한 한국과 다르게 사범님에 대한 예의가 바른 것 같았다. 부모들은 직접 아이를 데리고 도장에 왔다. 한국은 차량을 운행해 직접 아이를 데리고 왔다가 데려다주어야 하는데 K도장은 달랐다.

수업이 진행되는 동안 부모들은 아이가 운동하는 모습을 지켜보았다. 함께 배우는 부모들도 있었다. 온 가족이 함께하는 모습도 볼 수 있었다. 너무 신기했다. 왜 선배들이 미국에서 태권도 사범을 하고 싶어 하는지 알 것 같았다. 교류를 하는 동안 나는 K도장에서 사람들을 가르칠 기회를 가졌다. 태권도는 모든 용어가 한국말이라 어렵지 않았지만 자세한 설명이 필요할 때는 언어 장벽에 부닥쳤다. 영어공부를 하지 않은 것을 후회했다. 우리와 함께 온 아이들은 미국 아이들과의 교류를 위해 5명씩 그룹을 지어 홈스테이를 했다. 함께 온 남자 관장들은 호텔에서 숙박을 했다.

나는 도장 교류만을 위해 미국으로 간 것이 아니었다. K도장에서 사범생활을 할 수도 있었기 때문에 도장의 매니저 집에서 숙박을 해결하기로 했다. 매니저는 동양인이었다. 열세 살 때 한국으로부터 입양이 되어 한국말과 영어를 잘 구사했다. 아내는 백인여자였다. 매니저는 자신은 운이 좋은 사람이라고 말했다. 당시 한국 남자아이가 열세 살이면 해외로 입양이 되기 힘들었다. 하지만 운 좋게도 입양이 되어서 좋은 부모를 만나 이렇게 성장할 수 있었다고 했다. 입양이 된 뒤 가장 힘들었던 점이 무엇이었냐고 물었더니 다 커서 입양이 되었기 때문에 말이 빨리 늘지 않는 것이 가장 힘들었다고 했다. 왜 하필 태권도를 선택했냐는 나의 질문에 대한 그의 대답은 이러했다.

"나는 미국으로 입양이 되어 미국에서 자랐지만 한국 사람입니다. 한국이 그리울 때면 태권도장에 왔습니다. 태권도는 나에게 고향입니다."

이 말을 듣는데 마음이 이상했다. 나는 내가 가진 것에 대해서 한 번도 감사하다고 생각해 본 적이 없었다. 언제나 불만이었다. 그 불만을 밖으로 표출한 적은 없었지만 그렇다고 감사하다고 느낀 적도 없었다는 것을 알았다. 어쩌면 내가 처한 상황을 부정도 긍정도 아닌 당연함으로 받아들여야 했기 때문일지도 모른다.

학창시절에 선수생활을 하면서 늘 누군가를 이겨야만 했다. 이기지 않으면 지는 것이 당연한 결과였기 때문이다. 함께 운동을 하는 사람들은 언제나 적이었다. 대회에 출전하기 위해서는 자체

체급 평가전을 통과해야 하기 때문에 출전하기 전부터 학교 내에서 경쟁을 해야 했다. 평가전의 기회가 주어지는 것만으로도 운이 좋은 것이다. 이미 출전 선수가 정해져 있는 체급의 경우 평가전의 기회도 없이 출전이 허락되지 않기 때문이다.

나에게 태권도는 언제나 경쟁이었고 누군가를 지속적으로 이겨야만 살아남는 것이었다. 늘 불안했고 항상 긴장 속에서 태권도를 해야만 했다. 매니저와 대화를 하면서 나는 감사함이 무엇인지 알았다. 태권도를 처음 시작했던 첫날의 느낌이 떠올랐다. 그리고 태권도에 대한 생각이 달라졌다. 미국생활이 좋기는 했지만 다시 한국으로 돌아가야 할 것 같았다. 한국으로 돌아온 나는 미국을 경험하기 전과는 확연하게 달라져 있었다.

다시 한국생활이 시작되고 생활은 크게 달라지지 않았지만 마음만큼은 변해 있었다. 마음가짐이 달라지니 내 삶을 긍정적으로 바라보게 되었다. 엄마가 있어서 감사하다는 생각이 들었다. 젊어서 고생은 사서도 한다는 옛말처럼 그동안 힘든 시련들을 잘 이겨 냈다는 생각에 마음이 뿌듯했다. 마음을 긍정적으로 바꾸고 나니 삶이 편안해졌다.

한번은 필리핀으로 태권도 봉사활동을 갈 기회가 생겼다. 미국을 다녀온 지 3년 만의 일이었다. 의료나 미용은 봉사활동의 기회가 많지만 태권도는 기회가 적었다. 필리핀에서 가장 먼저 한 일은 사람들을 한곳에 모으는 일이었다. 태권도 송판을 들고 길거리를 돌아다니면서 사람들에게 게릴라 시범을 보여 주었다. 그리고 필리핀에 위치한 학교로 모이게 했다. 태권도 공연을 보러 온 사람들에게 식사를 대접하고 한국에서 챙겨 온 옷들과 생필품을 전달했다.

필리핀에 직접 와 보니 한국에서는 상상도 못할 일들이 벌어지고 있었다. TV에서 보던 장면들을 내 눈으로 확인할 수 있었다. 내가 갔던 지역의 부모는 먹고사는 것이 힘들어서 아이들을 팔아서 그 돈으로 생계를 이어 나갔다. 여자아이들의 경우는 어느 정도 크면 매춘을 해서 집안에 돈을 벌어다 주어야 했다. 아무리 힘들어도 내 속으로 낳은 자식을 파는 부모 심정은 오죽할까 하는 생각에 가슴이 너무 아팠다.

공연을 보러 온 부모들에게 태권도를 배우러 학교로 오면 끼니를 해결할 수 있으니 꼭 아이들을 보내 달라고 설득했다. 그 후로 1년에 한 번씩은 봉사활동을 하러 나가기로 마음을 먹었다. 필리핀을 시작으로 캄보니아, 밀레이시아, 인도, 네팔 등으로 꾸준히 태권도 봉사활동을 다녔다. 봉사활동을 하면서 아이들이 행복한 나라가 되어야 한다고 생각했다.

몇 년 전 태권숲을 시작하면서 버킷리스트를 만들었다. 그중 하나가 '딸내미연구소 및 재단 설립'이다. 버킷리스트를 이루기 위한 첫 단계로 책을 써야겠다고 결심했다. 대한민국에서 딸을 키우는 부모들에게 도움을 주기 위해서 지금 책을 쓰고 있다. 책을 집필해서 딸을 키우는 전국의 부모들이 읽을 수 있게 할 것이다. 또한 딸의 운동과 성장을 궁금해하는 부모들을 위한 세미나를 진행할 것이다. 3년 가까이 매일 우리 태권도장의 아이들이 운동이 끝난 뒤 외치는 구호가 있다.

"여아들의 행복 공간 우리는 태권숲 파이팅!"

태권숲 아이들은 단순히 운동을 배우는 것이 아니다. 자신의 행복에 대해서 생각하고 연구한다. 이런 여아들이 커서 다른 사람들에게 행복을 전달할 수 있도록 딸내미연구소와 재단을 설립하고 싶다. 재단 설립은 앞으로 10년에 걸쳐서 준비하려고 한다. 딸내미연구소와 재단 설립을 위해 태권숲 여아들과 함께 해외로 봉사활동도 나가고 싶다. 상상만 해도 입가에 미소가 지어진다. 나는 대한민국 여아들의 행복과 성장을 위해 끊임없이 노력할 것이다.

버
킷
리
스
트

11

PART 6

베스트셀러
작가가 되어 전 세계를
무대로 활약하기

김 석 원

김석원

번역가, 독서 코치, 동기부여가, 자기계발 작가

여행사, 벤처회사, 프랜차이즈 사업, 독서클럽 운영 등 다양한 경험을 하면서, 어려운 순간에도 자신을 일으켜 세우는 것은 열정적인 독서와 자기계발임을 크게 깨달았다. 직장생활을 하면서 독서와 글쓰기에 힘쓰고 있으며, 다양한 인생의 경험을 통해 얻은 삶의 체험과 지식을 나누고 희망을 전하고자 한다.

5개 외국어 마스터해서
언어 전문가 되기

　지구상에는 영어뿐만 아니라 프랑스어, 중국어, 독일어, 일본어, 아랍어, 스페인어 등 수많은 언어들이 있다. 대학시절, 언어실습실에서 전공인 일본어 말하기 연습을 하면서 옆에서 들리는 다양한 언어들이 너무 신기했다. 의미를 모르는 언어들이 자신들만의 리듬으로 살아 움직이는 것 같았다. 그 언어들은 은연중에 내 귀에 들어왔고 나는 자연스럽게 국제화된 마인드까지 갖추게 되었다.

　비록 나는 그 외국어를 할 줄은 모르지만 귀에 들리는 외국어가 그렇게 낯설지가 않았다. 세상에는 다양한 언어와 문화가 있고 그런 문화들이 서로 어우러지며 공존해 간다. 모든 언어가 나와 친구가 될 수 있고, 마음만 먹으면 어떤 언어도 할 수 있다는 생각이 그때부터 들었다.

외국어를 잘하고 싶다는 마음은 누구나 가지고 있을 것이다. 유창하게 외국어를 하면서 비즈니스를 하고 자유롭게 여행하는 모습을 한 번쯤은 상상해 보게 된다. 한국인 중 실제로 전 세계를 누비며 비즈니스를 하거나 외국에서 생활하는 사람들이 엄청나게 많다. 해외에 나가 있는 한국인이 700만 명이 넘는다고 하니 어마어마한 숫자다. 많은 사람들이 외국어에 대한 로망을 가지고 있다. 나 또한 전 세계를 다니면서 멋지게 외국어를 구사하며 마음껏 활약하는 내 모습을 늘 상상했다. 최소 세 가지 언어, 좀 더 욕심내면 다섯 가지 언어를 할 수 있으면 좋겠다는 생각을 품게 되었다.

나는 대학에 들어가기 전에 어떤 전공을 선택할지, 앞으로 인생을 어떻게 살아가야 할지 많은 고민을 했다. 친구와 대화를 하던 중 문득 일본에 대해서 알아야겠다는 생각을 하게 되었다. 내가 대학에 들어가던 1980년대 후반, 일본은 선진국의 위상을 맘껏 뽐내며 국제사회에서 맹활약하고 있었다. 당시에 일본에 대한 사람들의 인식이 좋지 않았지만 일본을 이기려면 일본을 제대로 알아야 한다는 생각에 일본어과에 진학하기로 결심했다.

대학에 들어가서 일본어 공부를 시작했다. 일본어를 전혀 모르고 들어갔기 때문에 처음 접하는 일본어는 만만치가 않았다. 대학에 진학하기 전에 일본어를 배워 본 적이 있거나 어릴 때부터 일본에서 생활하면서 일본어를 몸으로 익힌 친구들에 비해서 늦은 감이 있었다. 그래서 남들보다 더 열심히 공부했다. 기본 교과서를 독파하고, 매일 아침 일찍 도서관에 갔으며, 틈나는 대로 언어실습실에서 말하기 연습을 했다.

군대에 가서도 밤에 몰래 카세트로 일본어를 들으며 잠들었다. 하지만 일본어 실력은 생각만큼 잘 늘지 않았다. 학교를 졸업하고 20대 후반에 3개월 정도 도쿄로 단기연수를 떠났다. 책에서만 배우는 것이 아닌, 실제 현장에서 살아 있는 공부를 했다. 그후 직장에 다니면서 일본 출장을 자주 가게 되었고 2009년부터 약 2년 동안 도쿄에서 근무했다. 어느 정도 일본어를 할 줄 안다고 생각했는데 현장에서 실제로 겪는 일본어는 많이 달랐다. 알아듣지 못하는 말이 많았다. 하지만 일본인들과 부닥치며 실생활 일본어를 체득해 나갔다. 그때 한 가지 아쉬운 점은 일이 너무 바빠서 여행을 다니지 못한 점이다.

그 후 한국에 돌아와 일본으로 출장을 갈 때는 그전보다 훨씬 자연스럽게 일본어를 구사할 수 있었다. 무엇보다 일본에서 생활했다는 사실이 나에게 자신감을 더해 주었다. 지금도 완벽하게 말하지는 못하지만 일본어는 내 인생에서 외국생활을 하게 해 준 소중한 언어다. 목표로 하는 다섯 가지 외국어 버킷리스트 중 첫 번째 도전이라고 할 수 있다.

대학시절에 제2외국어로 스페인어를 선택했다. 누구나 하는 영어공부는 하기 싫었고, 유난히 관심이 가고 특별해 보였기 때문이다. 또한 스페인이 《돈키호테》라는 작품으로 익숙한 나라이기 때문이기도 했다. 스페인어는 스페인뿐만 아니라 멕시코를 비롯해 중남미의 여러 나라가 공용어로 사용하고 있었기 때문에 활용가치가 높을 것이라고 판단했다. 당시 스페인어에 대한 자료가 많이 없어서 오직 교과서와 사전으로만 공부했다. 더군다나 공부할 시간이 적어서 2년간의 수업이 끝나자 더 이상 공부를 이어 나가지 못해서 아쉬움이 크다.

스페인어에 대한 추억이 하나 있다. 조카 한 명이 중학생일 때 외국인 한국문화 체험 프로그램에 참여한 적이 있다. 그때 내가 통역을 맡았다. 사실 통역이라기보다는 3시간 정도의 방문시간 동안 무사히 잘 보내도록 도와주는 것이었다. 잘하지도 못하는 영어로 서우겨우 의사소통을 하고 식사를 했다. 무얼 하면 좋을까 고민하다가 우리 전통문화 중 하나인 윷놀이를 준비해서 함께 즐거운 시간을 보냈다.

방문한 외국인 중에는 스페인계 사람이 한 명 있었다. 학교에서 배운 스페인어 중 한두 마디를 하니 매우 놀라워하고 좋아했다. 스페인어를 배워서 써 본 건 그때가 처음이었다. 말 한마디를 했을 뿐인데 그 순간 소통이 되고 서로가 더욱 친근해지는 느낌이 들었다. 서툴지만 그 나라 언어를 사용할 때 상대방은 굉장히 기뻐한다는 것을 알았다. 나중에 스페인어를 제대로 배워서 스페인과 멕시코, 중남미를 마음껏 여행하고 싶다.

젊은 시절에 벤처회사에서 일한 적이 있다. 당시는 벤처 붐이 일어나기 시작하면서 벤처 회사들이 중국에 많이 진출하는 시기였다. 내가 다니던 회사도 마찬가지였다. 해외 사업을 담당하고 있어서 중국 IT회사와 업무 협약을 하여 중국에 다닐 기회가 많다. 중국어를 잘하는 직원을 3명이나 채용해서 실무를 맡겼지만 관리자인 내가 중국어를 한마디도 못하는 건 말이 안 된다고 생각했다. 원활하게 의사소통을 하지는 못하더라도 조금이라도 말을 알아들을 수 있으면 좋겠다는 생각에 학원에 등록해서 3개월 동안 중국어를 배웠다. 그리고 출장을 다니면서 귀동냥으로 중국어를 자주 듣다 보니 그리 낯설지가 않았다.

그 후 직장을 옮겨 다른 회사에 다니게 되었는데 한번은 중국에 혼자 출장을 간 적이 있다. 내가 묵은 호텔은 조식이 나오지 않는 곳이어서 아침에 일어나 근처 식당에 가서 밥을 사 먹었다. 아주 간단한 말밖에 할 줄 몰랐기 때문에 다른 사람들이 먹는 것을 유심히 지켜보다가 같은 음식을 따라서 주문했다. 주문한 음식을 그냥 가져다주면 좋을 텐데 직원은 나에게 알 수 없는 말을 계속했다. 대답을 하지 못하는 나에게 직원은 "팅부통, 팅부통."이라는 말만 되풀이했다. 결국 직원은 포기하고 내가 시킨 메뉴만 가져다주었다.

나는 얼굴이 화끈거려서 최대한 빨리 먹고 서둘러 식당을 나왔다. 나중에 알고 보니 더 필요한 것이 없느냐는 뜻이었다. 음식을 너무 적게 시켜서 물어본 것이었는데 많이 답답했을 것 같았다. 내가 시킨 메뉴는 고작 빵 하나와 콩 국물이 전부였으니 말이다. 그걸로 대충 요기가 된다고 생각했고 또 중국어 실력이 안 되어 더 시키기도 어려웠던 것이다. 말이 안 통하니 정말 곤욕스러웠다.

그때를 기억하면서 중국어는 필수로 하고 싶은 언어가 되었다. 우리와 밀접한 관계가 있는 한자문화권이며 다양한 역사와 문화를 가지고 있는 나라의 언어이기 때문이다. 나는 중국어를 유창하게 구사하며 중국 여기저기를 가족과 함께 여행할 것이다.

외국어는 어렵지만 하면 된다는 생각을 늘 가지고 있다. 어떤 외국어도 거부감 없이 받아들여진다. 일본어를 시작으로 영어, 스페인어 그리고 중국어를 자유자재로 구사하고 싶다. 그리고 5개 외국어 버킷리스트 중 하나는 아직 정하지 않았다. 유럽을 여행하다 보면 독일어, 프랑스어, 이탈리아어 등 그 나라의 언어가 필요함을 느끼게 된다. 나는 유럽보다는 오히려 동남아가 편하게 느껴진다. 우리와 문화가 비슷하고 사람들이 정이 있고 순수해서 더

끌린다. 베트남어나 태국어가 다섯 번째로 마스터할 언어가 될 것이다.

미래는 늘 가능성이 열려 있기에 다섯 번째 언어는 정하지 않고 남겨 두련다. 어떤 언어가 될지는 모르겠지만 다섯 번째 언어가 아마 우리나라를 제외하고 가장 많이 체류하는 나라의 언어가 될 것이다. 생각만 해도 미소가 지어진다. 나는 반드시 5개 언어를 마스디해 언어 전문가로서 전 세계를 누비며 멋진 삶을 살아갈 것이다.

한국문화 전문가로서
전 세계에
우리 역사와 문화 알리기

나는 전공이 일본어인지라 대학교 4학년 때, 일본으로 어학연수를 가기 위해 준비했다. 당시 여행자유화가 시작되고 일본 어학연수 붐이 일었다. 학교에서 배우는 것으로는 실제적인 일본어 습득에 한계가 있었기 때문에 많은 친구들이 연수를 떠나거나 이미 다녀왔다. 보통 3학년 때 다녀오는데 나는 좀 늦은 감이 있었다. 그래서 형의 도움을 받아서 어렵사리 연수를 준비했다.

모든 준비를 마치고 출국 날을 얼마 남겨 놓지 않았을 때, 일이 생기고 말았다. 학교 내에서 급히 뛰어가다가 교통사고가 나고 말았다. 차에 부딪혀 쓰러지면서 바퀴 밑에 왼쪽 다리가 깔리는 부상을 당했다. 천우신조로 크게 다치지는 않았다. 2주 정도의 입

원치료 후에 퇴원했지만 준비했던 연수의 꿈은 물거품이 되었다. 그 후 사회에 나와서 일을 하다가 28세 때 3개월 정도 단기연수를 다녀왔다. 첫 번째 해외 체류였고 3개월은 눈 깜짝할 사이에 지나갔다.

그 후 2009년, 드디어 나는 일본에 가서 일하기 시작했다. 직장은 일본어학교였다. 일본어 랭귀지센터를 현지에서는 보통 일본어학교로 불렀다. 한국을 비롯해서 중국, 동남아, 미국, 유럽 등 각지에서 일본에 공부하러 오거나 일하러 오는 사람들이 처음 정착을 위해 일본어를 배우는 곳이다. 나는 그곳에서 관리업무와 학생들 케어, 상담업무를 맡아 일했다.

직장에 다니면서도 일본인들과 교류하기 위해 한국어클럽에 가서 봉사활동을 했다. 한류는 당시 일본에서도 붐을 이루어 한국 배우들이 큰 인기를 끌고 더불어 한국어 배우기가 한창 유행이었다. 한국문화를 알고 싶어 하고 한국어를 배우고 싶어 하는 일본인들이 클럽에 왔다. 또한 일본인과 교류하고 일본어와 일본문화를 빨리 익히기 위해 한국 유학생들도 많이 참여했다. 한 달에 두 번 정도 만나 일본어나 한국어로 대화하면서 상대국의 언어와 문화를 익혀 나가는 한일 민간교류의 장이었다.

나는 스태프로 봉사하면서 일본인과 교류하고 한국어를 가르쳐 주었다. 더불어 한국문화를 알려 주었다. 내가 일본 가수의 이름을 몇 명밖에 모르는 데 비해 일본 학생들은 한국 가수들 이름을 줄줄 꿰어 깜짝 놀라기도 했다. 2시간 정도 대화를 진행하는데 시간이 너무나 빨리 지나가는 느낌이었다. 아쉬움을 달래기 위해 근처 선술집으로 옮겨서 대화를 계속 이어 갔다. 맥주를 마시며 이번에는 더 진솔한 대화들을 이어 나갔다. 나이 불문, 성별 불문으로 서로 하나가 되었다. 헤어질 때는 다들 아쉬워하며 다음 만남을 기약했다.

매우 소중한 시간이었다. 그 이전까지만 해도 한국의 위상이 높지 않아 일본인이 한국어를 배운다는 것은 상상도 하지 못했다. 일본은 선진국이었고 우리는 개발도상국으로 경제개발에 열을 올리던 시기였다. 그런 시기를 지나 일본 사람들이 한국어를 배우기 위해 노력하는 모습은 정말로 놀랍고 뿌듯한 장면이었다. 나는 한국어클럽 활동에 참여하면서 우리의 말을 가르치고 우리의 문화를 알리는 일이 정말 소중하고 행복한 일임을 깨우쳤다. 그래서 나중에 기회가 되면 전 세계를 다니며 우리말과 우리의 역사, 문화를 가르치겠다는 꿈을 꾸었다.

작년에 모스크바에 출장을 갔을 때도 현지 젊은이들이 한국어 배우기에 열중하고 K-Pop에 몰두해 있는 것을 보았다. K-Pop 행사에서 한류 팬들이 K-Pop을 부르고 춤추며 흥겹게 즐기는 모습을 보았다. 매스컴에서는 많이 보았지만 현장에서 보는 느낌은 남달랐다. 모스크바에 가면 누구나 찾는 크렘린 궁 앞 붉은 광장 근처의 카페를 방문했다. 점원이 우리가 한국 사람임을 알아보고 한국어로 서빙을 했다. 러시아 사람인데 유창하지는 않지만 한국 말을 꽤나 자연스럽게 했다. 하얀 얼굴만 아니면 참한 한국 규수 같다는 느낌이 들었다. 그녀는 돈을 벌어서 한국으로 유학을 가고 싶다고 했다. 우리 일행은 그녀의 계획을 응원하며 꼭 한국에 와서 공부하길 바란다고 격려해 주었다. 그날 일정은 매우 피곤했지만 카페에서 보낸 시간은 남다른 기억으로 남아 있다. 이러한 체험은 베트남에 가도 마찬가지였고 다른 여러 나라에서도 예외가 아니었다.

지금 전 세계 여러 지역에서 한류 붐이 일고 있다. 더불어 한국어를 배우는 나라 수와 학습자 수는 매년 증가일로에 있다. 일본, 중국, 동남아는 물론 유럽이나 미국도 마찬가지다. 혹자는 한류 붐이 일시적이고 금방 시들해질 수도 있다고 한다. 하지만 그렇지 않다는 의견도 있고, 나도 한류가 쉽게 수그러들지 않을 것이라 생각한다. 물론 드라마와 K-Pop 중심으로 이루어지는 지금까지의 형태보다는 더 다양한 한류문화 콘텐츠의 개발이 필요하다. 이제 한류는 붐이라기보다는 거부할 수 없는 하나의 흐름이다.

한국은 원래부터 모든 민족을 동화시키는 역사문화적인 DNA를 가지고 있다. 한민족은 진정으로 전 세계를 하나로 만들고 평화로운 세상을 만들 수 있는 사상과 철학 그리고 문화적인 힘을 가지고 있는 민족이다. 그것이 이제야 폭발적으로 발현되는 것이다. 실제로 해외를 다니다 보면 한국인처럼 우수한 사람들이 없다. 업무 처리 능력이나 두뇌회전은 말할 것도 없고 일처리 속도와 집중력 등 전 세계 어느 나라 사람들도 따라잡기 힘든 능력을 갖추고 있다. 유대인이 우수한 능력으로 20세기를 지배했다면 21세기는 분명 한류로 인해 한국인의 시대가 될 거라고 많은 이들이 이구동성으로 말한다. 나는 업무상 세계를 돌아다니며 현장에서 그 가능성을 몸소 체험했다.

역사적으로 보면 한류는 이 시대가 처음이 아니다. 이미 백제 시대에 당시 문명 수준이 형편없었던 일본에 불교문화, 유학, 건축, 미술, 음악 등 거의 모든 영역의 문화를 전수해 주었다. 역사를 공부해 보면 그 이전부터 문화의 전수가 이루어져 왔다는 것을 알 수 있다. 전문적인 이야기라서 상세한 언급은 어렵지만, 한류는 21세기에 와서 갑자기 이루어진 것이 아니라는 이야기다.

나는 경제적인 자유를 얻고 나서는 전 세계를 다니며 우리의 말과 역사, 문화를 전파할 것이다. 거기엔 충분한 보수가 따를 것이다. 또한 현지 매체에 글을 기고하고 책을 써서 한국의 문화와 역사를 소개할 것이다. 방송에도 나가서 한국문화 전문가로서 명성을 날리게 된다. 현지의 유력한 인사들과 교류하며 입지를 넓혀

나간다. 전 세계에서 활약하는 내 모습은 국내에 소개되어 나의 가치는 더욱 높아진다. 내가 쓴 책은 더 많이 팔리게 되고 나는 어딜 가나 한국문화 전문가로서의 위상을 떨치게 된다. 생각만 해도 흐뭇하다. 그런 날을 맞이하기 위해선 준비해야 한다. 먼저 글쓰기를 하면서 우리의 문화와 역사를 열심히 공부하고, 한국어를 가르칠 수 있는 준비도 해야겠다.

어떤 미래가 펼쳐질지 아무도 예측하지 못한다. 과학의 급격한 발달로 이전에는 상상할 수 없던 세상이 펼쳐질 것이기 때문이다. 한 가지 명확한 것은 한국은 전 세계를 포용하고 리드할 수 있는 사상과 문화를 가지고 있다는 것이다. 다른 나라를 적대적으로 침략해 정복하는 것이 아니라 함께 공존하고 공영하는 사상을 가지고 있다. 이것이 우리의 힘이고 매력이다. 한류는 형태가 바뀔지 언정 앞으로 더 무한히 확대해 나갈 것이라 생각한다. 나는 그 최전선에 설 것이다. 한류를 펴는 데 많은 분들이 함께하길 바란다.

1년에 책 두 권 이상 쓰는
베스트셀러 작가 되기

나는 학창시절에 책 읽기를 좋아했다. 학회의 세미나가 책을 본격적으로 읽는 계기가 되었다. 당시에는 민주화 열풍이 불고 있어서 대부분의 학생들이 사회과학 서적을 주로 읽고 토론했었다. 학회 구성원들 모두 현실의 문제를 진단하고 사회를 희망차고 밝게 바꿔 보려는 의지가 강했다. 그 시절은 암울했지만 사회를 변화시키려는 우리의 젊은 패기만큼은 가장 아름다운 때였다.

우리는 매일 학교에 공부를 하기 위해 가는 것이 아니라 시위를 하러 갔었다. 공부는 늘 뒷전이었고 공부를 하고 싶다는 의지도 없었다. 사회가 부정과 부조리로 뒤덮여 있는 상황에서 공부는 의미가 없다고 생각했다. 나를 비롯한 대부분의 학생들은 공부를 열심히 하더라도 결국은 사회의 틀 속에 갇혀 버릴 수밖에 없다고 판단했었다.

나는 사회과학 서적을 포함해서 틈나는 대로 책을 읽었다. 용돈이 넉넉하지 않았기 때문에 책을 살 돈이 항상 부족했다. 서점에 가면 책이 넘쳐 나지만 내가 한 달에 살 수 있는 건 고작 몇 권이었다. 그래도 행복했다. 부족한 책은 도서관에서 빌려서 보았다. 당시에는 도서관 대출증이라는 것이 있었다. 책을 빌릴 때마다 수첩에 도장을 찍어 주었다. 수첩에 도장이 하나씩 늘어나는 것이 큰 즐거움이었다.

책을 마음대로 꺼내 볼 수 있는 대학 도서관은 그야말로 거대한 지식창고이자 보물창고였다. 나는 책을 워낙 좋아해서 소설책을 비롯해 철학책까지 다양하게 읽었다. 책 한 권 한 권이 나를 지식의 세계로 이끌어 주는 것 같았다.

어느새 4학년이 되어 모두들 취업 준비를 하느라 바쁠 때도 나는 책만 읽었다. 취업 준비를 하려면 토익을 공부해야 하는데 내 눈에는 들어오지 않았다. 도서관에서 하루 종일 시간을 보냈지만 취업을 하고 싶다는 강한 의지가 없었다.

졸업 후에 대학원에 진학하고 싶었다. 여러 가지 사정으로 진학이 어려워지자 그 후 여행 업계를 시작으로 다양한 분야의 직업을 거쳤다. 일을 하면서도 대학원에 가지 못한 아쉬움이 늘 있었다. 어떤 일을 해도 만족스럽지가 않아서 처음의 열정이 오래가지 않았다. 몇 년이 지난 뒤 특수 대학원에 등록하게 되었다. 행복했지만 직장과 학업을 병행하는 것이 생각보다 쉽지 않았다. 또한 막상 대학원 공부를 해 보니 허무하기만 했다. 결국은 졸업을 하지 못했다.

몇 년 전 독서클럽 동호회 운영자로 활동하게 되었다. 아는 분의 소개로 독서클럽을 소개받았고 활동을 열심히 하다 보니 운영자로 발탁이 되었다. 운영자로서 책을 선정하고 준비해서 토론회를 진행했다. 한 달에 두 번 정도 했는데 직장을 다니면서 한다는 것이 쉽지 않았다. 토론하기 좋은 책을 미리 선정해야 하고 책을 먼저 읽은 뒤 토론을 무리 없이 이끌어야 했다. 시간 소모도 많고 준비 과정이 힘들어서 스트레스도 꽤 많이 받았다. 시간이 너무 없을 때는 가끔씩 짜증이 나기도 했다. 하지만 돌이켜 보니 그 시간은 나에게 소중한 경험이었다는 것을 알게 되었다. 바쁜 와중에도 책을 꾸준히 읽을 수 있었기 때문이다. 시간이 지날수록 책을 고르는 안목도 높아졌다. 독서토론을 진행하는 것도 처음에는 어색했지만 조금씩 익숙해지고 발전했다.

혼자서 책을 읽는 것과 같이 읽고 서로 의견을 나누는 데는 큰 차이가 있다. 같은 내용이라도 책을 읽는 사람에 따라서 느끼는 것이 다르기 때문이다. 자신이 생각하지 못했던 좋은 문장을 만나기도 하고 생각을 공유하면서 알게 모르게 배우는 것이 많다.

그 후 바쁜 직장으로 옮기게 되면서 독서클럽 운영자 활동을 중단했다. 믿고 따라와 주었던 회원들이 많은 아쉬움을 토로했다. 나 역시 무척 아쉬웠다. 이 글을 통해 그동안 독서 토론에 참여해 주었던 회원들에게 감사의 말을 전하고 싶다.

독서클럽 운영을 그만두고 일에 치여 살면서 책을 읽지 못하는 날들이 많았다. 주로 읽는 책은 업무와 관련된 책뿐이었다. 나도 모르게 매너리즘에 빠지고 원하는 인생이 아닌 것 같아서 술에 의존하는 날이 많았다. 한동안 회사에 출근하는 것이 너무 괴로웠다.

돌파구를 찾기 위해 일본어 공부를 다시 시작했다. 그동안 소홀히 했던 독서도 꾸준히 했다. 독서법과 글쓰기에 관심이 있어서 서점에 갔다가 책 쓰기 관련 책을 접하게 되었다. 책을 통해서 〈한책협〉을 알게 되었다. 나는 곧바로 〈한책협〉이 운영하는 책 쓰기 과정에 등록했다. 책을 꼭 써야겠다는 의지가 불타올랐다.

평소에 책을 쓰고 싶다는 생각을 늘 했었다. 어떻게 책을 쓸 수 있는지 궁금했고 계속 책을 써내는 사람들을 늘 부러워했었다. 하지만 지금 나는 책을 쓰고 있다. 정말 믿기지가 않는다. 내 이름으로 된 책이 나온다는 것이 신기하기만 하다. 책이 출간되는 모습을 상상하면서 꾸준히 집필하고 있다. 처음에는 글을 쓰려고 하자 막막하기만 했다. 이렇게 많은 분량을 어떻게 채울까 하는 생각에 좌절했던 것이 사실이다.

하지만 한 꼭지 한 꼭지 써 나가면서 조금씩 자신감이 생기기 시작했다. 나는 이 한 권의 책을 시작으로 작가의 길로 들어설 것이다. 반드시 성공작가가 된다는 생각으로 글을 쓴다. 처음이 어렵지 두 번째, 세 번째 책을 쓰면서 실력이 향상되리라 믿는다. 1년에 2권 이상은 꼭 쓰고 싶다. 그리고 번역서도 내고 싶다. 외국의 좋은 서적을 번역하는 일도 재미있을 것 같다. 우선은 일본어를 시작으로 내가 버킷리스트로 생각하고 있는 다섯 가지 언어의 책을 차례로 번역하는 일에 도전할 것이다.

나는 성공작가가 되어 글을 쓰며 자유롭게 여행할 것이다. 전세계는 나의 무대가 되고 내가 가는 모든 곳의 문화는 책의 글감이 될 것이다. 책을 쓸수록 더 유명해지고 주위로부터 인정받고 경제적으로도 자유로워지고 싶다. 책 출간은 더 좋은 책을 펴내기 위한 원동력이 되고 그 행복감으로 더 많은 책을 펴낼 것이다. 언젠가는 100권 이상의 책을 펴내는 날이 올 것이라 믿는다. 생각만 해도 가슴이 벅차다.

서점에 꽂혀 있을 나의 책들을 상상해 본다. 내 책이 베스트셀러, 스테디셀러가 되어 서가에 자리 잡고 있다면 정말 행복할 것 같다. 그리고 유명 서점에서 내 책을 구입한 독자들이 사인을 받기 위해 길게 줄을 서 있는 모습을 떠올려 본다. 독자들은 나와 사진을 찍을 때 수줍어하면서도 기쁜 미소를 짓는다. 나도 독자들과 사진을 찍으며 활짝 웃는다. 길게 늘어선 독자들의 줄을 보며 출판사 관계자들은 다음 계약을 하기 위해 연락을 해 온다. 상상만 해도 행복이 밀려온다.

내가 책을 출간하게 된다면 책을 좋아하던 나를 기억하는 친구들은 이렇게 말할 것이다.

"너라면 책을 쓸 만하지."
"나는 네가 언젠가는 꼭 책을 쓸 줄 알았어."

그리고 스스로 책을 구입해서 읽고 가족과 주위 사람들에게 소개할뿐더러 여러 권씩 사서 선물할 것이다. 더불어 작가로서의 나의 영향력은 더욱 커질 것이다. 그날을 기약하며 오늘도 한 줄 한 줄 글을 써 내려간다. '천 리 길도 한 걸음부터'라는 말이 있는 것처럼 '책 한 권도 한 줄부터'라고 말하고 싶다. 나의 작가 인생은 이제 시작이다. 1년에 책 2권 이상을 꾸준히 쓰는 성공작가가 되어 인생 2막을 멋지게 열어 갈 것이다.

한 달의 반은
해외에 체류하며
글 쓰고 여행하기

여행이라는 말만 떠올려도 마음이 많이 설렌다. 국내 여행도 그렇지만 해외로 여행을 갈 경우에는 설렘의 정도가 달라진다. 또한 짧은 여행 말고 한 번쯤은 외국에서 생활해 보는 것이 어떨까 하는 생각이 든다. 외국생활을 꿈꾸는 것은 나뿐만이 아닐 것이다. 때때로 각국의 지열한 비즈니스의 현장에서 땀 흘러 기면서 열심히 일하는 상상을 해 본다. 스페인의 산토리니 같은 곳에서 유유자적하며 사는 것도 생각해 본다.

나는 2년 정도 회사 일 때문에 일본 도쿄에서 생활한 적이 있다. 도쿄는 일본의 수도답게 거대한 규모를 자랑하며, 치열한 비즈니스가 일어나고 있는 국제적인 도시다. 도쿄는 철도와 지하철 노선이 거미줄처럼 얽혀 있어서 처음 방문하는 사람들은 그 규모와 복잡함에 넋이 나갈 정도다. 나도 오랜만에 도쿄에 가면 전철로 이동할 때 가끔 헤매게 된다. 전에는 익숙했는데 왠지 낯설고 어마어마한 인파에 압도되기도 한다. 전철의 종류가 워낙 많다 보니 갈아탈 때마다 꼭 지도를 살피거나 가끔은 역무원에게 안내를 요청하기도 한다.

나도 그러한데 일본에 처음 오는 외국인들은 오죽할까? 지도를 들고 헤매기 일쑤다. 가끔 외국인들이 길을 묻곤 했다. 서양인은 동양인의 국적을 잘 구별할 수 없기 때문에 내가 일본 사람인 줄 알았던 모양이다. 우리도 서양 사람들을 잘 구별하지 못하는 것처럼 말이다. 길을 물어오는 외국인에게 친절히 길 안내를 해 준 적이 몇 번 있다. 외국에서 외국인에게 길을 안내해 주면 참 묘한 기분이 든다.

나는 짧은 여행도 좋아하지만 오랜 기간 동안 해외에서 체류해 보고 싶다. 그것도 여러 나라에서 말이다. 한 달의 반은 한국에서, 나머지 반은 해외에서 살고 싶다. 아니면 1년 중 6개월은 한국에서 생활하고 나머지 6개월은 외국에서 생활하는 방식도 좋을 것 같다. 한곳에서만 오래 머물다 보면 아무래도 타성에 젖고 식상할 것 같다. 한국과 외국을 왔다 갔다 하다 보면 지루할

틈이 없을 것이다.

한 나라를 단순히 여행할 때와 체류하면서 생활하는 것은 그 나라를 이해하고 체험하는 정도가 하늘과 땅 차이다. 여행을 할 때는 시간이 짧기 때문에 관광지 위주로 다니게 되고 현지의 생활과 문화를 자세히 알기는 어렵다.

반면에 현지에서 생활을 하게 되면 그곳의 다양한 모습을 접하게 된다. 나 또한 일본에서 생활하면서 '아, 이래서 외국에서 살아 봐야 하는구나. 그래야 언어도 자연스럽게 익히고 그 나라의 생활과 문화를 좀 더 세세히 알게 되는구나'라고 깨닫게 되었다.

나는 외국에 체류하면서 여행도 하고 글도 쓰고 싶다. 여행만 하는 것은 자칫 공허할 수도 있기 때문이다. 책을 읽고 글쓰기만 하는 것도 왠지 지루할 수 있겠다는 생각이 든다. 그래서 나는 여행하며 글을 쓰고 싶다. 여행하는 것 자체가 글이 된다. 여행 관련 글뿐만 아니라 현지에서 생활하며 체험한 내용을 글로 쓰고 싶다. 그 나라의 음식문화, 차(茶)문화, 교통문화를 소개할 수도 있다. 또한 책 소개를 하거나 현지의 책을 번역할 수도 있다. 그 나라의 정치, 사회, 경제에 관련된 책을 쓸 수도 있다. 이 얼마나 좋은가?

세계는 실로 다양한 콘텐츠의 보고다. 새로운 사람과 만나는 것만큼 흥미롭고 즐거운 일도 없다. 우리와 다른 문화 속에서 살아가는 사람들은 사고방식, 생활방식이 다르다. 그것을 체험하는 것 자체가 매우 흥미롭다.

해외에서 살기 위해서는 그 나라 말을 어느 정도는 구사하는 것이 좋다. 한국인만 모여 사는 곳에서 생활하는 경우가 아니라면 말이다. 그 나라의 언어를 모르고 생활하면 많은 불편이 따른다. 언어를 구사하는 수준만큼 그 나라에 빨리 적응할 수 있다. 그리고 현지 생활을 충분히 즐길 수 있게 된다. 나는 일본에 체류하면서 큰 불편 없이 적응하고 현지 생활을 즐길 수 있었다. 그것이 가능했던 것은 일본어를 어느 정도 자유롭게 구사할 수 있었기 때문이다. 여행이나 외국생활의 묘미는 그 나라 사람들과 만나고 교류하는 것이다. 거기에 언어는 필수일 수밖에 없다.

나는 이런 생활을 꿈꾼다. 외국 도시의 한적한 주택가에 살면서 매일 아침 일어나자마자 동네를 산책한다. 자주 만나는 이웃과도 인사를 나눈다. 산책을 하면서 스트레칭으로 몸을 깨운다. 집에 와서 씻고 간단히 커피와 토스트, 과일로 아침식사를 한다. 가벼운 옷차림으로 가방을 들고 나선다. 서점에 가서 새로 나온 책들을 살펴본다. 그 나라에서 이슈가 되는 책들이 보이고 한쪽 코너에는 한국과 관련된 책도 있다.

책 몇 권을 사 들고 근처 카페로 간다. 먼저 읽고 싶은 책들을 훑어본다. 중요한 부분은 체크해 둔다. 노트북을 켜고 글 작업을 한다. 진한 커피 한 잔을 마시며 글을 구상하고 원고를 써 나간다. 주변에서 들리는 사람들의 말소리가 익숙하다. 자주 다니는 카페라서 주인과 편하게 대화를 한다. 다른 단골손님과도 안면을 트고 이런저런 이야기를 나눈다. 현지인들과 나눈 대화가 글에도 살짝 들어간다.

평일에는 글 작업을 하고 주말에는 훌쩍 여행을 떠난다. 물론 평일에도 여행을 떠나고 싶을 때 언제든지 떠난다. 여행을 가서도 글은 쓸 수 있으니까 말이다.

현지의 맛있는 음식을 먹어 보는 것은 여행의 백미다. 처음에는 주문하는 방법도 모르고 먹는 방법이 서툴러 곤란을 겪기도 한다. 이름은 기억나지 않지만 베트남의 깔끔한 식당에서 먹었던 맛있는 음식들이 생각난다. 또한 추운 겨울 일본에서 생활할 때 자주 먹었던, 따끈한 국물이 일품인 소바도 생각난다. 한국인에게는 잘 알려지지 않은 뒷골목의 허름한 맛집을 찾아가는 것도 좋을 것이다.

반대로 낯선 외국 땅에서 만나게 되는 한국음식은 또 다른 감동을 준다. 한번은 이런 경험을 한 적이 있다. 외국 출장을 갔다가 돌아오는 길에 환승하기 위해 들렀던 아부다비 공항에서의 일이다. 너무 지치고 힘든 상태였고 배도 고팠다. 먹을 것이라고는 빵과 커피, 그리고 소시지, 감자 등이 전부였다. 이런 음식만 계속 먹었더니 더 이상 먹고 싶다는 생각이 들지 않았다. 지친 몸을 달랠

만한 것이 없을까 생각하며 공항 여기저기를 헤맸다. 그때 공항 매점 한쪽에 한국산 컵라면이 떡하니 놓여 있는 것이 아닌가. 눈이 동그랗게 떠졌다. 사막에서 오아시스를 만난 기분이었다. 바로 컵라면 몇 개를 사서 동료와 함께 먹었다. 김치도 없이 먹었지만 정말 꿀맛이었다. 외국을 다니다 보면 어디 이런 체험뿐이랴.

금년에는 일본의 도쿄, 내년에는 프랑스의 파리, 그다음 해에는 중국의 상하이, 또 그다음 해에는 그리스 아테네에서 살아 보고 싶다. 더 많은 나라를 다니며 글을 쓸 것이다. 나의 글은 국내에서 각광을 받을 것이다. 자유로운 여행가, 인기작가로 유명세를 탄다. 공항에서도 틈나는 대로 글 작업을 한다. 간단한 글감을 메모하기도 하고 여러 외국인들의 모습을 세세히 관찰해서 쓰기도 한다. 또한 비행기 옆자리에 앉았던 낯선 외국인과의 대화에서 좋은 소재를 발견할 수도 있다. 그 사람과 페이스북 친구가 되어 서로 멀리 떨어져 있어도 소식을 전한다. 해마다 전 세계적으로 친구가 늘어난다.

매년 한 나라씩 머문다면 10년 동안 10여 개국에서 생활을 하게 되는 것이다. 그렇게 되면 나는 완전한 국제인이 될 것이다. 한국에 기반을 두고 살지만 국제적인 유목민이 되는 셈이다. '노마드(nomad, 유목민)'라는 말은 나의 감성을 자극하는 말이다. 노트북과 카메라 하나만 달랑 들고 전 세계를 돌아다니는 유목민이 되고 싶다.

나는 앞으로 세계 각국에서 글을 써서 여행 전문지, 신문, 잡지 등에 기고할 것이다. 현지의 생생한 모습을 담은 내 글과 사진은 선풍적인 인기를 끌게 될 것이다. 책을 꾸준히 써서 스테디셀러 작가가 되고 싶다. 전 세계 어디에 가서도 작가로서의 멋진 삶을 살아갈 것이다. 오늘도 나는 이런 멋진 삶을 꿈꾼다.

독서 코치, 긍정 메신저,
강연가로 살기

어린 시절, 나는 나중에 어떤 사람이 될까 생각하며 여러 가지 꿈을 꾸었다. 사관학교에 가서 멋진 군인이 되어 나라를 지키겠다는 꿈이 있었다. 또한 국제법률가가 되어 우리나라의 국제적인 활동에 도움을 주는 사람이 되겠다는 꿈을 꾸기도 했다. 성우가 되어 천의 목소리로 사람들을 웃기고 울리고 싶다는 꿈, 교수가 되어 학문을 연구하며 학생들에게 멋진 멘토가 되어 주고 싶다는 꿈도 있었다.

그런 꿈들 한편에 깊게 자리한 것은 누군가를 돕고 싶다는 생각이었다. 약하고 도움을 필요로 하는 사람들을 돕고 국가와 사회에 봉사하는 삶을 살아야겠다는 막연하지만 큰 꿈을 꾸었다.

학교 졸업 후 사회에 나와서 나는 수많은 경험을 했다. 여행사, 일본어 학원, 벤처 회사, 프랜차이즈 사업, 일본에서의 체류, 영업, 사단법인 등 헤아릴 수 없이 많다. 그동안의 경험은 모두 소중한 기억으로 남아 있다. 지금까지 살아오면서 나는 언제 가장 행복했는지 생각해 보았다. 대부분의 사람들이 그렇듯이 나 역시 돈을 많이 벌 때가 행복했다. 하지만 진짜 행복한 순간은 누군가를 도와줄 때였다. 누군가를 도와주고 그 사람이 진심으로 기뻐할 때 나는 진정으로 행복감을 느꼈다.

길을 헤매는 사람에게 길을 안내해 주거나 봉사활동을 한 경험, 고민에 빠진 사람에게 조언을 해 준 경험 등은 사소하지만 작은 행복을 느끼게 해 주었다. 큰 어려움에 처한 사람을 조건 없이 도와주고 그 사람의 일이 잘 해결되었을 때는 더 큰 행복감을 느꼈다. 만약 남을 도와주면서 돈을 벌 수 있다면 얼마나 좋을까? 그게 바로 진정한 메신저의 삶이라고 생각한다.

나는 곧 책을 내고 작가가 된다. 첫 책은 바로 이 공동저서이고 두 번째 책은 독서법에 관한 책이다. 특별히 잘하는 것은 없지만 책 읽기를 좋아하고 다른 어떤 것보다 독서법에 대해서 잘 안다. 나는 예전에 독서클럽에서 운영자로 활동한 적이 있다. 함께 책을 읽고 토론하면서 일반 직장인들이 독서를 제대로 할 수 있도록 도와주는 역할이었다. 독서법 책을 쓰게 되면 자연스럽게 독서 코치가 될 것이다. 책 읽기에 대해서 좀 더 적극적이고 전문적으로 사람들을 도와주고 싶다.

그리고 책 쓰기도 코칭할 것이다. 책 읽기와 책 쓰기는 다르지 않다. 책을 써야 진정한 독서를 하게 된다. 책을 쓰면서 비로소 알게 된 사실이다. 책을 읽고 나면 자신이 엄청나게 변할 것이라고 생각했는데 그렇지 않았다. 책을 읽기만 할 때는 왜 공허하기만 했는지 책을 쓰면서 절실히 깨닫게 되었다. 책을 읽으면서 내용을 입력만 하면 탈이 난다. 출력도 같이 해야 한다. 나는 입력만 했지 출력은 하지 않았던 것이다. 음식을 먹기만 하면 어떻게 되겠는가? 배출을 잘해야 생명을 지탱하고 건강을 유지할 수 있다. 책 쓰기는 출력이다. 책을 읽는 사람은 누구나 책을 쓸 수 있다.

나는 인생을 살아오면서 숱한 실패와 좌절을 겪었다. 내 인생은 결코 달콤하지 않았다. 나의 열정과 노력이 부족해서였겠지만 '인생은 고해(苦海)다'라는 말이 맞는 것 같다. 그 고해를 잘 건너는 것이 인생이라는 생각이 든다.

학창시절에 나는 매우 긍정적이었고 자신감이 넘쳤다. 공부만 하면 되었고 특별히 어려운 일이 없었다. 경제적으로 풍요롭지는 않았지만 헌신적인 부모님 덕분에 별 걱정 없이 학창시절을 보낼 수 있었다. 지금 생각하면 참으로 감사하다.

하지만 사회에 나와 직업을 여러 번 바꾸고 실패를 겪으면서 조금은 부정적인 모습으로 바뀌어 버렸다. 매사에 자신감이 넘치고 친구와 후배들에게 삶의 조언을 해 주던 나의 모습은 어디론가 사라져 버렸다. 내가 택한 길이었지만 고통으로 점철된 내 인생에 대해 원망을 한 적도 많았다. 하지만 원망만 해서는 나아지는 것이 아무것도 없었다.

고민 끝에 나는 새롭게 변해야겠다고 결심했다. 그래서 책을 다시 집어 들고 독서를 하기 시작했다. 좌절만 하고 있을 시간이 없었다. 더 나아가 책 쓰기까지 도전하게 되었다. 책을 읽기 시작하면서 내 인생은 바뀌기 시작했다. 과거에 나는 힘들고 괴로울 때 술에 많이 의존했었다. 하지만 책을 집중적으로 읽고 책을 써서 작가로 성공하겠다는 강한 의지가 생기면서 더 이상 술 생각이 나지 않았다. 변화하려는 강한 의지를 갖고 실천에 옮기면 나도 새롭게 변할 수 있구나, 하는 생각이 들었다.

나는 책 쓰기와 강연으로 인생 2막을 새롭게 열 것이다. 새롭게 변화해서 많은 사람들에게 긍정의 메시지를 전하고 싶다. 젊은 시절에는 막연하게 긍정적이었지만 이제는 현실을 경험한 체험자로서 진정한 긍정의 메신저가 될 것이다. 나의 책을 통해서 희망을 갖고 새롭게 인생을 가꾸어 나가는 사람들이 생겨날 것이다. 그들도 나처럼 자신을 변화시키기 위해 작가가 될 것이다. 자기 스스로의 장점을 발견하고 새로운 모습으로 변모해 가기를 간절히 바란다.

내 책을 본 사람들이 나에게 강연을 요청해 올 것이다. 처음에는 많지 않겠지만 시간이 지날수록 강연 요청이 늘어날 것이다. 한두 차례 강연을 거치면서 나는 능력 있는 강연가가 될 수 있다고 믿는다. 내가 쓴 책이 계속 나오고 강연이 지속적으로 이어지면서 선순환이 이루어질 것이다. 나는 긍정을 전하는 메신저, 부드럽지만 카리스마 있는 강연가로서 자리매김할 것이다. 사람들은 나의 메시지를 기다리고 있다. 나는 100명, 200명, 1,000명의 청중 앞에서 당당하게 나의 경험을 이야기하고 희망의 메시지를 전할 것이다.

나는 끊임없이 발전하고 변화할 것이다. 나의 메시지는 국내에만 국한되지 않는다. 해외에 나가서 생활하며 글을 쓰고 현지에서도 각광받는 작가가 되고 메신저가 된다. 그 나라의 언어로 강연하며 현지인들과 자연스럽게 소통한다.

페이스북 등의 다양한 SNS로 나에게 글과 강연을 요청하는 일이 점차 늘어난다. 나는 늘어나는 요청에 즐거운 비명을 지르고 강연하러 나갈 곳을 고르는 행복한 고민을 한다. 전국 각지와 해외에서 감사의 메시지가 날아온다. 이메일과 SNS 등 메시지가 너무 많이 와서 일일이 답하기가 어려울 정도다. 바쁘지만 짬을 내어서 정성껏 답변을 보낸다.

나를 보좌하는 직원은 내 스케줄 조정에 여념이 없다. 강연을 요청하는 곳은 대학, 공공기관, 각종 단체 등 다양하다. 전국과 전 세계의 주요 도시에서도 내가 오기만을 기다린다. 공항에서는 멋 진 차로 나를 위한 의전을 준비한다. 나는 특급호텔로 안내받고 호텔에서 열심히 강연 준비를 한다. 강연장에서는 청중들과 호흡 하며 긍정의 메시지를 전한다. 청중들은 환호한다. 내 책을 들고 줄을 서서 기다린다. 나는 멋지게 사인하며 긍정의 메시지에 확신 을 더해 준다.

내 책을 읽고 강연을 들은 사람들은 인생이 완전히 바뀌게 된 다. 어둠에서 밝음으로, 좌절에서 희망으로 인생이 바뀌고 자신들 도 긍정의 메신저가 된다. 그 메신저들은 또 다른 청중들에게 메 시지를 전하고 새로운 메신저를 양성한다. 온 세계에 긍정의 메신 저들이 점차 늘어난다. 긍정의 메신저들은 함께 그룹이 되어 좀 더 나은 콘텐츠를 개발하고 더 많은 영향력을 미친다.

나는 3년 후, 5년 후의 내 모습이 정말로 기대된다. 삶은 고통 의 바다가 아니라 행복의 바다가 될 것이다. 세상은 정말 살 만하 고 아름답다고 사람들에게 말해 줄 것이다. 나는 앞으로 100권 이상의 책을 쓴 작가, 특급 강연가, 가장 영향력 있는 긍정 메신저 가 되어 전 세계를 누빌 것이다. 전 세계의 청중들이 나를 기다리 고 나와 함께하는 메신저들이 각처에서 활동할 것이다. 나는 어디를 가나 환영받을 것이다. 더불어 부는 점점 더 늘어나고 나의 영향력은 확대될 것이다. 독서 코치, 긍정 메신저, 강연가로서 선한 영향력을 펼치며 멋지게 살아갈 나의 미래가 기대된다.

버
킷
리
스
트

11

PART 7

국공립어린이집 원장으로서 학부모와 교사들의 힘이 되어 주기

경 수 경

경수경

유아교육 전문가, 자기계발 작가, 마음코칭 컨설턴트, 잠재의식 메신저, 동기부여가

20년 동안 어린이집과 유아놀이학교를 운영하며 아이들의 심리와 부모들의 마음을 코칭했다. 현재는 인생에서 얻은 경험과 지식을 나누는 가치 있는 삶을 꿈꾸며, 사람들의 마음을 코칭하고 잠재력을 일깨워 꿈을 찾아 주는 메신저로 살고 있다. 한국외대 교육대학원 유아교육전공 졸업을 앞두고 있으며, 감정에 관련된 개인저서를 집필 중이다.

E-mail kidseledu@naver.com
C·P 010·2499·3193

국공립어린이집
원장 되기

유치원에서의 아르바이트를 시작으로 아이들과 만난 지 어느 새 25년이라는 세월이 흘렀다. 어느 날 '아르바이트 구함'이라는 공고를 보고 찾아간 곳이 바로 유치원이었다. 내가 그 이후로도 현장에 남아 있을 줄은 꿈에도 상상하지 못했다. 하지만 나는 아르바이트를 거쳐 선교원 교사, 어린이집 원장, 유아놀이학교 원장까지 하게 되었다.

내가 섬기던 교회에서 주일마다 유치부 봉사를 하던 중 선교원을 개원한다는 소식을 들었다. 그때 주위에서 교사를 해 보는 게 어떻겠냐는 권유를 해 와 일을 시작하게 되었다. 나는 선교원에서 근무하는 동안 사랑하는 남편을 만나 결혼하게 되었다. 결혼하는 과정에서 경제적으로 힘든 부분이나 어려움들을 교회 청년들의 기도와 응원으로 무사히 넘어설 수 있었다. 이윽고 큰딸 영은이를 갖게 되어 더할 나위 없는 축복이라고 여기며 선교원 생활을 했다.

선교원 근무 3년 차이던 어느 날, 원감선생님께서 나에게 자신이 운영하던 근처 미술학원으로의 이직을 권유하셨다. 당시에는 미술학원에서도 유치부를 모집해 운영했다. 나는 그 권유에 응해 미술학원 유치부 원감으로 근무했다. 막상 근무해 보니 원장님의 교육방침과 교육환경이 나를 실망시켰고 하루하루 근무하는 것이 힘들었다. '이렇게 열악한 환경에서 아이들이 자라야 하는 건가'라는 질문을 스스로에게 끊임없이 던졌다. 교사로서의 사명감은 하루하루 식어 갔다. '내가 원장이라면 이렇게 하지 않을 텐데'라는 강한 저항도 일어났다.

어느 일요일 오후, 예배를 마치고 집으로 오는 길에 답답한 마음을 해소하고자 남편과 드라이브를 하던 중이었다. 그때 교회 근처에서 아파트 밀집지역을 보게 되었다. 아파트가 많으니 아이들도 많을 것 같았다. 나는 평소에 어린이집을 차리고 싶다는 생각을 했었다. 남편에게 부동산에 들러 어린이집이 나와 있는지 알아보자고 했다.

'무식하면 용감하다'라는 말이 딱이었다. 어린이집은 일반 부동산처럼 거래되는 것이 아니라는 사실을 뒤늦게 알게 되었다. 친절한 부동산 중개업자는 매물은 없지만 개인적으로 아는 어린이집 원장이 운영할 사람을 찾고 있다면서 한번 만나보겠냐고 했다. 우리는 당장 그곳으로 갔다. 6층 건물의 2층에 위치해 있고 2차선 도로변 건너편에는 아파트도 많고 도로 너머에는 배 밭도 넓게 있어 느낌이 좋았다. 더욱 마음에 든 것은 어린이집 이름이었다. '꿈터어린이집.' 나는 그날부터 가슴이 설레고 두근거려 잠을 이룰 수 없었다.

인수 조건은 보증금 1,000만 원에 월세 80만 원, 권리금 1,000만 원이었다. 운영 여유자금까지 해서 3,000만 원이라는 돈이 있으면 어린이집을 할 수 있다는 생각에 어떻게 하면 돈을 마련할 수 있을까 고민했지만 답이 없었다. 결국은 시부모님께 손을 내밀었다. 나는 어린이집 운영계획을 보고서로 만들어 시아버지께 보여 드렸다. 시아버지는 며느리의 간절함을 느끼셨는지 잠시 고민하시더니 흔쾌히 지원해 주기로 하셨다.

처음 인수 조건에 대해 이야기할 때 원장은 원아는 10명 정도이고 교사가 한 명 있다고 했다. 시설물과 집기류 그리고 당장 보육할 수 있는 원아가 있다는 말에 나는 바로 계약을 했다. 그런데 인계를 받으려다 경악할 수밖에 없었다. 10명이라고 했던 아이들 중 실제 출석하는 아이들은 단 3명이었다. 사기당한 기분에 지금도 생각하면 억울하다. 하지만 이미 계약서에 사인은 되었고 원아는 모집하면 된다는 알 수 없는 자신감으로 나의 어린이집 운영은 시작되었다.

나는 밤낮을 가리지 않고 열심히 어린이집 운영에 최선을 다했다. 어린이집은 엄마들의 입소문을 타고 어느새 정원을 채우게 되었으며, 대기자까지 생길 정도였다. 당시에는 교육과정이 없던 터라 원마다 좋은 프로그램을 찾아 홍보해 원아를 모집했다. 나 또한 좋은 교육법을 찾기 위해 프로그램 설명회를 찾아다녔다. 좋은 프로그램을 찾아내 엄마들에게 설명하고 원비 인상 부분도 이야기했다. 그런데 엄마들은 좋은 교육을 원하면서도 원비가 인상되는 것은 탐탁지 않아 했다. 그때 나는 내가 생각하는 이상적인 교육과 엄마들이 아이를 어린이집에 보내는 목적이 맞지 않는다는 것을 깨달았다.

어린이집은 직장에 나가는 엄마들을 위해 일찍 문을 연다. 그럼 내 아이를 돌보는 것은 시어머니의 몫이었다. 자는 아이를 두고 출근하면서 '내가 엄마가 맞나?'라는 자책과 '내 아이도 제대로 못 키우면서 다른 집 아이를 키울 자격이 있나'라는 회의감이 들었다.

간혹 학부모 사정상 밤 9시가 넘어서도 아이를 데리러 오지 못하는 경우가 있다. 그럴 때면 아이를 우리 집으로 데려왔다. 이런 일이 자주 생기자 함께 사는 시부모님께도 죄송하고 무엇보다 큰아이에게 미안했다. 나는 이렇게 개인적인 시간을 들여서까지 아이들을 돌봐 주는데, 좋은 교육을 위해 원비를 인상하는 데 반대하는 엄마들이 이해되지 않았다.

나는 좋은 교육프랜차이즈를 찾다가 '유아놀이학교'라는 곳을 발견했다. 그곳의 교육 내용과 환경은 매력적이었다. 가장 마음에 들었던 점은 정시 퇴근이 가능하다는 것이었다. 하지만 가맹비, 인테리어비, 교사교육비 등 비용이 제법 많이 들어서 한동안 고민을 계속했다. 그러나 이대로 놓친다면 후회할 것 같아 결국 계약을 했다.

당시만 해도 '놀이학교'에 대한 개념이 알려져 있지 않아 처음부터 하나씩 놀이학교를 알려야 했다. 1년이 지나자 조금씩 지역에 이름이 알려지기 시작했다. 무엇보다도 아이들을 세심하게 돌보면서 정서적 안정을 취해 가는 것을 느낄 때 기쁨이 컸다.

시간이 흘러 큰아이가 중2가 되었을 무렵, 앞만 보고 달려온 나에게 이상신호가 나타났다. 부인과 질병문제가 하나둘 생겼고, 만성피로감이 심했으며, 어깨와 목을 움직이기 힘들었다. 더군다나 점차 원아모집이 어려워지면서 두려움이 엄습해 왔다. 하던 일을 내려놓고 쉬고 싶었다. 나보다 좀 더 능력 있는 원장이 맡는 것이 아이들과 교사들에게도 좋을 것 같았다.

이제와 생각해 보면 나의 판단에 오류가 있었다. 원아모집이 힘들었던 진짜 이유는 국가에서 사교육 지양 정책을 펼쳐 유치원과 어린이집에 대한 운영지원 폭이 커졌고 엄마들이 국가의 지원을 받는 것을 선호했기 때문이었다. '적을 알고 나를 알아야 한다'라는 말이 있듯이 국가와 부모들의 마음의 흐름을 파악하지 못한 것이 가장 큰 실수였다.

나는 20년 만에 백수가 되어 몸과 마음을 건강하게 만드는 일을 우선에 두었다. 전업주부로서의 삶을 산 지 1년쯤 지난 어느 날, 아는 언니의 전화를 받았다. 내가 어려운 문제에 부닥쳤을 때마다 답을 찾아 주는 정신적 멘토인 언니는 오랫동안 어린이집을 운영해 오고 있다. 언니는 논문을 준비해야 해서 너무 바쁘니 어린이집 서류를 정리하는 일을 한 달만 도와 달라고 했다. 당시 딱히 하고 있는 일이 없던 터라 그 일을 하기로 했다.

오랜만에 어린이집 서류를 정리하면서 기분이 묘했다. 그런 나에게 언니는 집에만 있지 말고 다시 어린이집을 하는 것이 어떻겠냐고 했다. 그리고 공부를 좀 더 해서 국공립어린이집을 운영하는 것이 좋겠다고 말했다. 나는 고민 끝에 언니의 조언을 받아들여 대학원에 입학했다. 그리고 국공립어린이집의 업무 흐름과 분위기를 파악하기 위해 낮에는 일하고 밤에는 공부하며 미래를 준비하는 삶을 살고 있다.

이제 대학원 생활이 마무리되어 가고 있다. 내가 공부하는 동

안 늘 지지해 주신 시부모님과 남편 그리고 아이들에게 항상 고
맙다. 내 버킷리스트 1호인 '국공립어린이집 원장 되기'를 꼭 이루
어 그들에게 노력의 결과를 보여 주고 싶다.

유아교육전문지에
칼럼 쓰기

"원장님 놀이학교라는 거 들어 봤어요?"

"아니요."

"어제 아는 원장님과 다녀왔는데 너무 좋아요."

15년 전 유아놀이학교의 열풍이 엄마들 사이에서 회자되고 있었다. 이 무렵 어린이집을 운영하는 어린이집 원상님들 사이에서는 유아놀이학교가 동경의 대상이었다. 고급스러운 인테리어와 다양하고 예쁜 원목교구 그리고 아이들의 눈높이에 맞는 다양한 프로그램은 물론 교사들이 가르치기 쉬운 교안들은 장점들로 다가왔다. 그래서인지 나 역시 같은 마음으로 놀이학교에 대한 관심이 커지기 시작했다.

그때부터 대한민국에 있는 유아놀이학교 브랜드를 찾아보기 시작했다. H사, T사, B사, K사 등 열 곳 정도를 조사해 본사에 전화 상담을 요청하기도 하고 메일을 통해 문의를 하기도 했다. 그중에 가장 마음에 드는 곳을 선택해서 홈페이지를 꼼꼼하게 살펴보았다. 교육적 퀄리티가 느껴지는 H사가 마음에 들었지만 너무 비싼 가맹비와 가맹 조건이 부담되어 선택할 수 없었다. 그래서 그 다음으로 문의한 T사의 본사가 가까운 곳에 있어 직접 가 보았다.

T사는 이제 막 시작하는 브랜드였지만 대표는 놀이학교 분야에 경험이 많아 보였다. 놀이학교의 흐름과 교육 콘텐츠에 대한 자부심과 열정이 느껴졌다. 가장 끌렸던 것은 처음 시작하는 가맹사업이어서 저렴한 가맹비의 혜택을 받을 수 있다는 점이었다. 직접 놀이학교를 운영하면서 가맹사업까지 하고 있던 중이라 어떻게 운영해 가는지 직접 볼 수 있었다. 거리가 가까워 놀이학교의 운영 형태를 볼 수 있고 궁금한 것은 바로바로 문의할 수 있어 좋았다.

견물생심이라고 했던가? 놀이학교 운영을 직접 보고 오니 그때부터 가슴이 두근거리기 시작했다. 하루빨리 예쁜 놀이학교를 오픈하고 싶은 마음이 더욱 커져 갔다. 운영 중이던 어린이집의 모습을 하루라도 빨리 바꾸고 싶었다. 그동안 모은 돈과 남편의 월급 그리고 부족한 부분은 시부모님께 손을 내밀었다. 지금 생각해 보면 시부모님의 도움 없이는 유아놀이학교 오픈은 꿈에도 생각하지 못했을 것 같다. 이 지면을 빌려 내가 하고 싶은 교육을 적극 지지해 주신 시부모님께 너무나 감사하다는 말씀을 드리고 싶다.

그렇게 시작한 놀이학교는 지역 엄마들이 아이를 보내고 싶은 놀이학교가 되었다. 나는 유아놀이학교 가맹원을 운영하면서 정기적으로 가맹원 원장님들과 전체 가맹원 교사들의 교사교육, 프로그램교육, 원장마인드교육 등 다양한 교육들을 통해 전반적인 운영에 도움을 받을 수 있어서 좋았다. 본사가 있어서 운영하기에 외롭지 않고 든든한 느낌이 들었다. 본사 워크숍 때마다 전문 강사들을 초빙해 다양한 강의도 열었다. 그때마다 강연하는 강사들의 모습이 너무 멋져 보였다. 그래서 나에게도 작은 소망이 생겼다.

'나도 강연하고 싶다. 강연으로 다른 사람들에게 꿈과 희망을 줄 수 있는 사람이 되고 싶다.'

이런 소망이 생겼다. 그래서 강연 CD를 구매해 동기부여도 받고, 나를 발전시켜서 원장교육 때나 학부모교육 때 앞에 서는 것을 꿈꾸기도 했다. 그래서 자기계발서, 강연 CD를 구매하고 강사 스쿨 등 다양한 교육에 등록해 수강하게 되었다. 강의를 들으며 무대에서 나의 생각과 말을 표현할 수 있는 멋진 일이 나에게도 생겼으면 좋겠다는 상상을 할 때면 가슴이 설레었던 기억이 떠오른다.

강연가들의 프로필을 보니 전문가로서 저서가 있거나 분야별 전문잡지에 칼럼을 쓰고 있다는 것을 알 수 있었다. 그들과 나의 프로필을 비교해 보면서 나도 유아들과 함께해 온 만큼 다양한 상담사례를 들어 강연을 하고 칼럼을 쓰고 싶다는 생각이 들었다. '1만 시간의 법칙'이라는 말이 있다. 어느 분야든 전문가가 되기 위해서는 1만 시간이 필요하다는 것이다. 그렇다면 나 또한 20년 동안 유아들과 생활하고 학부모의 고민을 상담해 온 터라 전문가가 되기에 충분할 것이다.

나는 누군가 교육이 무엇이냐고 묻는다면 "교육은 삶이다."라고 말하고 싶다. 특히 유아는 주 양육자의 돌봄이 아이에게 있어 너무나 중요하다. 특별한 경우를 빼고는 거의 대부분의 육아는 엄마의 몫이거나 워킹맘 같은 경우는 대부분 어린이집과 유치원의 교사의 몫이다.

양육자와 교사의 모습을 그대로 흡수하는 아이에게는 그들을 양육하고 교육하는 부모 또는 전문가들의 삶이 고스란히 전해진다. 때문에 나의 경험은 충분히 도움이 될 것이라 믿는다. 학부모에게는 두 아이를 키우는 엄마로서 더 이상 시행착오를 겪지 않도록 도움을 줄 수 있고, 이제 막 결혼한 신혼부부와 결혼을 준비하는 예비부부에게도 나름의 경험과 지혜를 전해 줄 수 있다. 출산 이후부터 고3 수험생을 둔 학부모에 이르기까지 내 아이의 육아 경험을 나눌 수 있을 것이다.

나는 현재의 유아교육 관련자들에게 나의 오랜 원 운영을 통해 얻은 다양한 경험과 노하우를 나누어 주고 싶다. 나 또한 교사였고 원장이었고 엄마이기 때문에 고민을 나누기에 충분하다고 생각한다.

놀이학교를 운영할 때의 일이다. 여러 명의 부모들이 원에서 아이들에게 매일같이 지나치게 TV를 시청하게 한다며 항의를 해 왔다.

"원장님, 어떻게 아이한테 매일매일 TV를 보여 줄 수가 있어요? TV 보여 주려고 놀이학교에 보낸 줄 알아요?"

"어머니, 놀이학교에서는 TV를 보여 주지 않는데요."

"무슨 말이에요. 한 번만 보여 주다가 이제는 집에 올 때도 보여 준다면서요? 그리고 보여 줬다는 말 하지 말라고 했다는데요? 그러니 지금 당장 TV를 확인해야겠어요."

나는 정말이지 눈앞이 캄캄했다. 이제 다섯 살 된 아이가 거짓말을 했다는 사실에도 놀랐고, 아이 말만 믿는 엄마의 태도도 도무지 이해가 되질 않았다. 당시 같은 브랜드 놀이학교 가맹 원장님들과 성북원에서 회의 중이었다. 이 문제와 관련해 보고를 받은 나는 전화통화만으로는 상황을 마무리하기 어렵겠다고 생각해 놀이학교로 가겠다고 전했다. 퇴근한 남편에게 상황을 얘기했더니 걱정이 되었는지 놀이학교로 오겠다고 했다. 괜한 오해를 살 수 있으니 문을 먼저 열지 말고 내가 갈 때까지 현관에서 기다려 달라고 말했다.

"어머니, 놀이학교 안에는 TV가 없어요. 아이가 왜 그렇게 얘기했는지는 모르겠지만 아이들이 현실과 꿈을 구분하지 못하는 경우가 종종 있으니 나중에 다시 얘기를 나눠 보시면 어떨까요?"

문을 열어 TV의 유무를 확인하는 건 문제가 아니었다. 엄마가 미안해하는 일이 생겨 아이가 원을 그만 다니게 될 것 같아 걱정이 되었다. 엄마는 막무가내로 호언장담하며 당신의 아이를 믿는다고 했다. 하지만 문을 열고 원 안으로 들어서자 아이가 말한 곳에는 TV가 없었다. 엄마는 너무나 미안해했고 부끄러워 원을 더이상 다닐 수 없게 되었다. 그럴 수 있다고 설득을 해 보았지만 선생님들이 자신의 아이를 거짓말쟁이로 생각할 수도 있어 염려가 된다며 그만 보내겠다고 했다. 상황보다 아이를 먼저 생각했다면 충분히 서로 이해하고 넘어갈 수 있는 일이었다. 지금 생각해도 아쉽고 안타까운 일로 남아 있다.

현재 어린이집을 보는 사회적인 시선이 곱지 않은 것이 사실이다. 그런 만큼 일선에서 원장과 교사들도 힘든 시간을 보내고 있다. 그래도 현장에서 묵묵히 소명의식을 갖고 일하는 원장님과 보육교사들에게 전문가로서 힘을 보태고 응원하고 싶다. 나는 앞으로 유아교육전문지에 나의 지식과 경험을 담은 원고를 씀으로써 학부모와 유아교육 전문가들에게 응원과 희망의 메시지를 보내고 싶다.

극동방송
라디오 출연하기

나는 중학교 때까지만 해도 건강했지만 고등학교를 다니는 동안 절반은 내내 아팠다. 휴학하고 유급할 정도로 허약했다. 엄마는 그런 나를 늘 걱정하셨다. 내 점심 도시락은 3년 내내 밥 대신 죽이었고, 엄마는 매일 죽을 끓이는 수고를 하셔야 했다. 내 병을 낫게 하기 위해 엄마는 소문난 병원을 찾아 나를 데리고 다녔다. 우리나라 최고의 병원까지 찾아갔지만 별 소용이 없었다. 용하다는 한의원에 가서 비싼 약도 여러 제 지었다.

어느 날 부산에 사시는 큰어머니께서 엄마에게 전화를 주셨다. 용한 점집에서 점을 쳐 보니 나에게 조상신이 있어 아프다는 것이다. 엄마는 지푸라기라도 잡는 심정으로 어떻게 하는 게 좋겠냐고 물었고, 큰어머니는 굿을 하면 좋아진다고 했다. 마음이 약한 엄마는 큰어머니의 말에 금세 설득되었다. 엄마는 부랴부랴 나를 데리고 굿 준비를 하여 시골로 내려갔다. 이른 아침부터 시작된 굿은 밤이 늦도록 끝나지 않았다. 하루 종일 멍석에 앉아 있다가 힘들면 대청마루에 앉았다가를 여러 번 반복했다. 하지만 나의 병은 전혀 낫지 않았다.

그렇게 고등학교 3년의 시간이 흘렀다. 대입은 실패했고, 나는 아픈 것보다 대입 실패로 부모님의 기대를 저버린 나쁜 딸이 된 것 같아 죄송했다. 특히 아버지 얼굴을 보기가 무척 힘들었다. 장녀에 대한 기대가 크셨는데 내가 망친 것 같았다.

친구들은 저마다 대학생활로 행복한 나날들을 보내고 있다고 들었다. 나는 그런 친구들이 부럽지 않았다. 그저 빨리 건강해져서 엄마의 걱정을 덜어 드리고 싶다는 생각뿐이었다.

난 어릴 때부터 교회에 다녔다. 아버지는 교회에 가는 것을 늘 반대했고, 그래서 몰래 교회에 다녔다. 아버지는 특히 엄마가 교회에 가는 것을 싫어하셨다. 하지만 아픈 내가 교회에 가기를 원하니 나만큼은 교회에 가는 것을 허락해 주셨다.

친한 친구들이 하나둘 대학생이 되고 나니 함께 교회에 다니기가 창피했다. 그래서 다른 교회를 찾는 중이었는데 마침 등하굣길에 늘 지나치던 교회를 가게 되었다. 눈에 익숙한 십자가가 편안했던 것 같다. 그 교회가 지금 우리 가족 모두가 다니는 교회다. 다른 사람들은 친구 따라 교회도 간다고 하는데 나는 같이 다니는 친구도 없이 혼자 다녔다. 교회에 다니면서 건강은 몰라보게 좋아졌고 예배에 참석할 때마다 알 수 없는 편안함이 나의 마음을 조금씩 채웠다. 살아갈 힘이 생겼고, 차츰 미래에 대한 꿈도 꾸었다. 내가 원하는 삶이 어떤 삶일까 생각하는 계기가 되었다.

수줍어하는 성격 탓에 한동안 대예배만 다녔다. 얼마의 시간이 지나 청년예배가 있다는 걸 알게 되었고 그때부터 교회 청년회에 출석하며 나의 20대 교회생활이 시작되었다. 나는 교회에 대한 마음과 하나님에 대한 신앙이 커지면서 신학을 공부하고 싶었다. 하지만 신학은 하나님의 뜻이 아닌지 유아교육을 공부하게 되었다. 하나님은 내가 신학보다 아이들과 함께하길 원하셨나 보다.

일주일에 한 번 영유아부 아이들의 모습을 보는 것은 귀한 경험이다. 예배실에 들어오면서 인사하는 작은 몸짓과 예배시간 찬양을 부르는 입모양, 그리고 기도할 때 두 눈을 꼭 감고 두 손을 모은 모습은 천사 같다. 아이들과의 만남은 기쁨이었다. 영유아부에서 봉사하면서 아이들과 함께하는 것이 나를 행복하게 하는 일이라고 느끼게 되었다.

나는 평소 운전할 때 극동방송 라디오를 켜 놓는다. 목사님들의 말씀도 좋지만 청취자들의 사연을 들을 때 생동감이 느껴져서 좋다. 특히 토요일 5시에 방송되는 〈만나고 싶은 사람 듣고 싶은 이야기〉라는 프로그램을 좋아한다. 그 방송에는 연예인 또는 유명인사도 나오지만 평범하게 신앙생활을 하는 보통사람들도 초대해 그들의 이야기를 들려주곤 한다. 인터뷰 내용을 들어 보면 평범함 속에서 위대함이 묻어 나오는 것을 알 수 있다. 저마다 힘들었던 일을 어떻게 헤쳐 나올 수 있었는지 들을 때면 나를 돌아보게 되고 용기를 얻을 수 있다.

극동방송에는 '전파선교사'라는 말이 있다. 극동방송을 후원하는 사람들을 칭하는 말로, '전파를 국내와 북방지역에 보내는 선교사'라는 의미다.

나는 가끔 상상한다. 누구나 이 세상에 온 의미가 있다. 살아가는 모든 순간이 기적이다. 그런 기적과 같은 삶을 함께 나누는 극동방송의 방송을 듣고 있으면 나도 방송에 나가고 싶다는 생각이 든다. 희망을 찾는 사람들에게 위로와 소망을 나누어 주고 싶다. 길진 않지만 짧지도 않은 나의 신앙 경험을 통해 용기를 선물로 받고 세상은 살 만한 곳이라는 믿음을 나눌 수 있었으면 좋겠다.

방송을 듣고 있으면 어느 한 사람도 쉬운 인생이 없구나, 하는 생각이 든다. 그럴 때마다 나도 모르게 눈물이 난다. 나의 삶에 그들의 삶을 비춰 보며 위로를 얻는다. 연이은 사업 실패로 모든 희망을 잃고 삶을 마감하려던 순간 우연히 극동방송을 듣게 되면서 다시 희망을 찾은 사람의 이야기는 한때 교육 사업을 했던 나에게 큰 공감을 불러일으켰다. 잠깐이지만 마음으로나마 하나님의 은혜를 구하며 그들을 위해 기도하곤 한다.

간혹 힘든 일이나 답답한 일이 생기면 방송에서 간증하는 나를 상상한다. 특히 즐겨 듣는 코너에서의 내 모습을 상상하는 즐거움이 크다.

"오늘은 〈만나고 싶은 사람 듣고 싶은 이야기〉에 경수경 선생님을 초대했습니다. 경수경 선생님, 뵙고 싶었습니다."

이런 대화를 상상할 때면 어느새 내 입가에는 미소가 지어진다. 그래서 매일 상상한다. 슬프면 기뻐지기 위해 상상하고, 기쁠 때는 더욱 기뻐지기 위해 상상한다. "나의 길 오직 그가 아시나니 나를 단련하신 후엔 내가 정금같이 나아오리라."라는 찬양의 가사처럼 말이다.

부모 독서
전문 코치 되기

일주일에 몇 권의 책을 읽는가? 나는 하루에 1권씩 책을 읽는다. 특히 마음이 힘들 때면 더욱 독서에 빠져든다. 누군가 나에게 독서를 왜 하냐고 묻는다면 위로와 용기를 얻기 위해서라고 답하고 싶다. 글쓴이들의 경험을 나에게 적용시켜 보며 '나와 비슷한 상황에서 어떻게 문제를 해결했을까'라는 질문을 머릿속에 두고 읽다 보면 '다른 사람들도 같은 고민으로 힘들어했구나'라며 위로를 얻는다. 또한 문제를 헤쳐 나가는 태도를 보면서 용기를 얻기도 한다.

책을 읽으면서 용기를 주는 대목을 찾아 필사하거나 메모지에 적어 책상 옆에 붙여 놓고 오며 가며 본다. 가장 중요한 것은 저자들의 마음가짐을 느낄 수 있다는 것이다. 책은 저자의 인생이다. 책에는 저자의 경험과 깨달음과 지혜가 담겨 있다.

　나는 서른 살에 어린이집을 인수해 운영하기 시작했다. 원장을 맡기에는 어린 나이가 아니었나 싶다. 하지만 역시 뭘 모를 때가 가장 용감하다. 의욕이 너무 앞서 시행착오도 많았지만 일찍 원을 운영한 것을 후회하지 않는다. 원장으로서 겪어 내야 하는 많은 문제에 대한 해결법을 배울 수 있었다. 실력보다는 열정으로, 지식보다는 해낼 수 있다는 확신이 컸기 때문에 그 이후로 원장의 자리를 이어 올 수 있었다.

　어린이집을 운영하다가 시대의 교육 트렌드를 좇아 놀이학교로 전향했을 때다. 주위의 사람들이 놀이학교 운영이 만만치 않다고 부정적인 이야기를 많이 했다. 운영하던 어린이집을 계속 유지하라고 했다. 하지만 놀이학교에 대한 바람을 저버리기 어려웠다. 그때 나에게 용기를 준 책이 나폴레온 힐의 《놓치고 싶지 않은 나의 꿈 나의 인생》이라는 책이다. 저자는 "꿈을 꾼다는 것은 생각하는 것이 아니라 움직이는 것"이라고 했다. 나는 일단 하고 싶은 일을 행동으로 옮겼다. 그렇게 두려움보다는 설렘으로 시작한 놀이학교는 자리를 잡기까지 쉽지 않았다.

　원 운영이 녹록지 않던 시기에 내가 할 수 있는 것은 원에 대한 홍보와 기도하는 일밖에는 없었다. 당시만 해도 '놀이학교'에 대한 개념이 없던 터라 지역에 놀이학교에 대한 인식부터 심어야 했다. 홍보는 원장인 나와 남편의 몫이었다. 낮 시간에 아파트에서 전단지 홍보를 하는 것은 어려움이 많았다. 경비원들의 경비태세가 심했고 보는 눈이 많아서 전단지를 붙이는 일은 쉽지 않았다. 그래서 우리 부부는 밤 시간을 이용해 아파트 현관 앞에 홍보전단지를 붙였다.

며칠이 지나서 상담 전화가 걸려 왔다. 항상 첫 질문은 "놀이학교가 뭐예요?"였다. 나는 놀이학교에 대한 설명과 더불어 구경할 기회를 드리겠다고 하며 방문을 유도했지만 쉽게 등록으로 이어지지는 않았다. 어린이집에 비해 원비가 비싸 엄마들이 쉽게 결정하지 못하는 것 같았다. 그렇다고 놀이학교를 어린이집처럼 운영하기는 어려웠다. 교육프랜차이즈 놀이학교로서 같은 브랜드를 걸고 있는 한 같은 분위기를 갖고 가야 한다. 교육프로그램도 같아야 하고, 운영시스템도 같아야 한다. 미국이든 중국이든 한국이든 코카콜라병 디자인이 다르지 않은 것처럼 말이다. 적어도 보이는 부분은 동일해야 한다.

원아모집이 수월하지 않다 보니 점점 자신감이 떨어졌다. 월세 걱정, 교사 월급 걱정으로 점점 피가 말랐다. 자신감이 사라지다 보니 우울해졌고, 그냥 어린이집이나 계속할걸 그랬다는 후회마저 들었다.

어느 날 문득 계속 이런 생각에 갇혀 있는 내가 너무 싫었다. 그래서 처음 놀이학교를 시작할 때 용기를 주었던 책을 찾기 시작했다. 그때부터 힘든 일이 있을 때마다 책에 몰입하는 습관을 갖게 되었다. 안 되는 일에 사로잡혀 부정적인 생각으로 나를 몰아가기보다는 긍정적인 사고로 바꾸어 주는 독서를 통해 점점 달라지는 나를 발견했다. 그런 에너지를 채워 나가다 보니 어느새 원아가 정원을 채웠고 대기하는 일까지 생겼다.

놀이학교에서 만난 엄마들은 참 다양하다. 아이에 대한 고민을 상담하고, 행복한 육아를 위해 어떻게 하면 좋을지 질문하는 엄마들에게 내가 해 준 말은 "엄마에게도 공부가 필요해요."였다. 그리고 육아에 도움이 되는 책이나 강좌를 소개해 주었다. 그런데 한결같이 공부할 시간이 없다고 답한다. 이해한다. 육아하기에도 빠듯한 시간에 살림도 하고 남편과 아이 뒷바라지하느라 본인을 가꾸고 살필 시간조차도 부족할 것이다. 하지만 하고자 하면 분명히 길이 있다고 생각한다. 좋은 엄마가 되기 위해 고민하기 전에 육아에 관련된 다양한 책을 읽고 시도해 보며 시행착오를 거치면서 내 아이에게 맞는 방법을 찾아야 한다. 그러면 어느덧 엄마도 아이도 성장해 있는 것을 발견하게 될 것이다.

대부분의 엄마들이 그렇게 하지 못하는 이유는 자신이 육아 전문가가 아니라는 사고 때문이다. 어느 누구도 처음부터 육아를 잘할 수 없다. 하다 보니 방법을 터득하게 되는 것이다. 부모도 다양한 책을 읽고 적용해 본 다음 맞는 것과 맞지 않는 것을 추려 내고 다시 응용해 보는 과정을 거쳐야 한다. 나 또한 큰아이를 키울 때 정말 힘들었다. 아이가 밤낮이 바뀌어 잠을 잘 자지 않았다. 다른 식구들에게 방해가 될까 싶어 아이를 업고 아파트 가로등 밑에서 달래며 잠을 재우기도 했다.

그러던 중 책을 읽다 아이가 차를 타면 잘 잔다는 내용을 보게 되었다. 아이를 차에 태우고 라디오의 클래식 채널을 조용히 틀어 놓고 동네를 서너 바퀴 돌고 나니 정말 잠이 들었다. 그 후로 아이 잠재우기 드라이브가 시작되었다. 내가 책을 보지 않았다면 그 방법을 몰라 밤마다 가로등 밑에서 아이를 재우고 있지 않았을까?

부모가 된다는 것은 고귀한 일이다. 둘이 한 몸을 이루어 다른 생명을 얻고 그 생명에게 삶을 전하는 일이기 때문이다. 두 사람의 사랑의 결과로 일은 아이를 위해 부모공부는 필수다. 부모로서 갖추어야 하는 덕망과 학식도 물론 중요하지만 아이가 어떤 존재인지 이해하려는 노력은 어떻게 보면 끝이 없다. 왜냐하면 어제의 아이와 오늘의 아이가 다르기 때문이다.

변화하는 아이를 위해 부모도 함께 성장해야 한다. 부모가 성장하지 않고 머물러 있다면 부모와 자녀의 관계에 분명히 문제가 생긴다. 결국은 사춘기라는 큰 강을 넘기 힘들어진다. 요즘은 결혼이 늦어 아이에게 사춘기가 올 무렵 엄마는 갱년기를 겪게 된다. 이 둘의 충돌은 전쟁 중에서도 핵전쟁에 가까울 것이다.

나에게는 중3 아들이 있다. 북한도 두려워한다는 중2 때가 한창 사춘기였다. 큰아이가 바른생활 아이인 것에 비해 작은아이는 자유로운 영혼 그 자체였다. 여러 번 훈육해도 소용없어서 다치지 않게만 자라라는 식으로 방임에 가까울 정도로 내버려 두었다. 다만 어른들께 버릇없이 굴 때는 호되게 훈육했다. 그렇게 자유를 허용했던 아이가 지금은 어떻게 변했을까? 자기 스스로 시간을 관리하고 꿈을 찾으려 하고 있다.

아이를 기다려 주기 위해 나는 무엇을 했을까? 나는 아이와 함께 성장하기 위해 끊임없이 공부했고, 다양한 독서를 했다. 나를 성장시키는 독서뿐만 아니라 육아에 필요한 독서, 일과 관련된 독서, 책을 효율적으로 읽을 수 있는 독서, 인간관계에 필요한 독서 등 다양한 독서를 통해 나를 성장시키고자 했다. 그것이 아이를 키우는 엄마로서도 아주 중요한 과정이었다고 생각한다.

나는 성장하고자 하는 부모들과 함께하는 독서 전문가이고 싶다. 육아뿐만 아니라 삶을 나누고 서로의 성장 동력이 될 수 있는 부모 독서 코치로서 모두의 성장을 돕고 싶다.

책 출간 후
대형서점에서 사인회 하기

어느 날 알고 지내던 한 원장님에게서 두 장의 사진을 받았다.

"원장님, 어떤 사진이 좋아요?"

"유치원 포스터 만드세요?"

"아니요, 책 표지요."

"무슨 책 표지요?"

자세히 보니 표지 아래쪽에 그 원장님의 사진이 있는 것이 아
닌가. 내가 아는 사람을 책 표지에서 만나다니, 다른 사람처럼 느
껴졌다. 얼마 후에 정말 책이 출간되었다. 내가 아는 사람이 책을

쓴 것도 신기한데 서점에서 책을 보니 더욱 신기했다. 원래도 멋진 분이긴 했지만 더욱 멋져 보였다. 나는 바로 책을 구매해 단숨에 읽어 내려갔다.

내가 알지 못했던 원장님만의 스토리가 책 속에 가득했다. 늘 밝고 씩씩한 사람이라고 생각했는데 그동안 내가 알고 있었던 분일까 싶을 정도로 힘든 일을 겪은 모양이었다. 지금의 숲유치원이 있기까지 원장님이 겪었을 일들을 생각하니 남의 일 같지 않았다. 특히 개인적인 아픔을 진솔하게 쓴 부분에서는 온전히 자신을 드러낸 그 용기에 박수를 쳐 드리고 싶었다. 삶을 충실하게 살아온 흔적을 느낄 수 있었고 나 또한 글을 읽는 동안 힐링이 되는 느낌이었다.

그렇게 얼마의 시간이 흘렀다. 다시 한 통의 메시지가 도착했다. 책이 너무 잘 팔려서 종로에 있는 대형서점에서 사인회를 하게 되었다는 것이다. 오랜만에 원장님 얼굴도 보고 사인도 받을 겸 종로로 갔다. 도착해 보니 사람들이 차례를 기다리며 길게 줄서 있는 게 아닌가. 원장님은 사인을 하느라 정신이 없어 보였다. 그렇게 한참을 기다렸다가 사인을 받을 수 있었다. 원장님은 현재 전국에 있는 많은 어린이집, 유치원 원장님들의 관심을 한 몸에 받고, 숲유치원을 운영하고 싶어 하는 사람들의 롤모델이 되어 많은 사람들을 만나고 있다. 사람들에게 자신만의 노하우를 전해 주며 오늘도 우아하고 바쁘게 생활하고 있다.

원장님이 책을 쓴 이유는 어릴 적 산에서 들에서 뛰놀며 성장했던 추억이 인생을 살아오는 동안 많은 역경을 이겨 낼 수 있었던 힘의 원천이었기 때문이라고 한다. 그래서 유치원교육은 콘크리트 실내공간이 아닌 자연에서 이루어져야 한다고 주장한다. 자연과 교감하며 맘껏 뛰놀아야 한다는 것이다. 이 같은 원장님의 교육철학이 책 속에 오롯이 스며들어 있었다.

나도 원장님처럼 책을 출간하고 싶다. 나는 20년 넘게 아이들, 엄마, 교사라는 단어와 떨어져 본 적이 없다. 아이들 때문에 힘들어했던 엄마들의 이야기, 어떻게 하면 성공적인 육아를 할 수 있는지에 대한 질문, 결혼생활에서 겪는 어려움, 아이들의 문제행동을 고민했던 시간들, 교사로서의 경험과 원장으로서의 경험을 이야기로 쓰고 싶다.

나는 25년 전 유치원 아르바이트를 시작으로 지금까지 아이들과 함께해 오고 있다. 어린이집 원장을 거쳐 더 나은 교육을 하고 싶어 교육시스템을 찾던 중 유아놀이학교라는 사교육시스템을 알게 되었고 10년 넘게 나만의 교육 소신을 갖고 운영했다.

2011년 대한민국 유치원 누리과정의 일부분이 시작되었다. 이 소식은 유아놀이학교에 타격을 주었다. 연이은 뉴스보도에 엄마들도 웅성대기 시작했다. 정부에서 유치원이나 어린이집에 교육비를 지원하겠다는 소식은 엄마들의 마음을 유치원이나 어린이집으로 옮기기에 충분했다. 그도 그럴 것이 가계의 부담을 줄일 수 있고, 유치원 방과 후에 다른 교육으로 채울 수 있기 때문이었다. 나는 엄마들이 정책의 흐름에 따라 원을 떠나면 어떡하나 막연히 두려워하며 하루하루 힘든 시간을 보냈다.

같은 놀이학교 브랜드를 운영하는 원장님으로부터 씁쓸한 소식을 들었다. 오늘까지 잘 다녔던 아이를 귀가 후 바로 내일부터 보내지 않겠다고 엄마가 전화를 해 왔다고 한다. 전화기 너머로 원장님의 실망감이 고스란히 전해져 왔다. 나에게도 곧 닥칠 일처럼 느껴졌다. 나는 함께 사는 시어머니께 내 불안감에 대해 말씀드렸다. 어머니는 나의 걱정을 들으시고는 성경말씀으로 용기를 주셨고 나와 원을 위해 작정기도를 해 주셨다. 나는 그런 어머니를 보며 힘을 얻고 두려움을 내려놓을 수 있었다.

하지만 교육비 지원이라는 정책은 결국 엄마들의 마음을 움직였고, 나의 걱정과 불안은 조금씩 현실로 다가왔다. 엄마들에게 떠나겠다는 말을 듣는 것은 고통스러웠다. 그래도 겪을 수밖에 없는 일이니 어쩔 수 없다고 생각했다. 그러다 놀라운 일이 벌어졌다. 한 달도 못 되어 아이들이 돌아오기 시작한 것이다.

"원장님, ○○이가 옮긴 곳에 적응을 못 해요. 다시 놀이학교에 가고 싶대요."

"아침마다 안 간다고 울어요."

"원장님, 다시 갈 수 있을까요? 죄송해요."

난 언제든 환영이라고 했다. 아이를 위해서 엄마의 자존심을 버린 상황 아닌가. 때론 오랜 설득에도 불구하고 나를 떠난 엄마들이 괘씸하기도 했지만 잠깐이었다. 엄마의 선택으로 이리저리 옮겨 다녀야 하는 아이들의 상황이 안쓰럽지만 어쩌겠는가? 엄마의 선택인 것을.

나는 원 운영 과정에서 얻은 지식과 깨달음 그리고 지혜를 함께 나누고 싶다. 엄마들의 고민, 아이들의 행동 뒤에 숨겨진 진짜 마음이 무엇인지 알려 주고 싶다. 살아 있는 현장을 경험하면서 체득한 연구들은 나만이 할 수 있는 일이라고 생각한다. 지금도 원 운영을 통해 몸과 마음이 지친 원장님들이 분명 있을 것이다. 그런 원장님들에게 책을 통해 힐링을 해 드리고 싶다. '저자도 나만큼 힘들었구나', '지금 힘든 것은 아무것도 아니구나', '나도 할 수 있겠다'라는 희망을 주고 싶다.

나는 멋진 상상을 한다. 책 출간 후 대형서점 한쪽 벽에 나의 책과 사진이 걸려 있는 모습을. 깨끗한 테이블보로 싸인 기다란 책상과 그 위에 나의 책이 올려져 있는 모습을. 누군가로부터 선물 받은 흰색 몽블랑 만년필을 꺼내어 사인하는 모습을.

"린드 아주머니는 '아무것도 기대하지 않은 사람은 아무런 실망도 하지 않으니 다행이지'라고 말씀하셨어요. 하지만 저는 실망하는 것보다 아무것도 기대하지 않는 게 더 나쁘다고 생각해요."

루시 모드 몽고메리의 《빨간 머리 앤》에 나오는 말이다. 나는 기대와 상상을 할 때면 어느 순간 가슴이 두근거리고 현실이 되어 나타날 것만 같아 맥박이 빨라진다. 오늘도 나는 대형서점 사인회를 바쁘게 준비하는 내 모습을 상상하며 행복해하고 있다.

버

킷

리

스

트

11

PART 8

대한민국
직장인들의
정신적 멘토 되기

송 민 규

송민규

직장인, 자기비전 코치, 신입사원 멘토링 강사, 자기계발 작가, 동기부여가

책 쓰고 강연하는 직장인(salaried man+writer+speaker=salawriker)이다. 많은 직장인들이 회사에서 똑똑하게 일하고 제대로 인정받아 명예롭게 졸업할 수 있도록 돕는 자기비전 코치의 꿈을 향해 달려가고 있다. '꿈이 있는 신입은 방황하지 않는다'라는 모토하에 비전의 중요성을 담은 '드림워킹연구소' 대표로 활동하고 있다. 9년간 직장생활을 하면서 깨달은, 회사에서 인정받는 노하우를 담은 개인저서 출간을 앞두고 있다.

E-mail motivation_maker@naver.com
Blog blog.naver.com/motivation_maker
Instagram super_motivation_maker

직장인을 위한
멘토 되기

"저 회사 그만두려고 해요. 회사가 제 인생을 궁지로 몰아가고 있는 것 같아요. 하루하루 저 자신이 소모되고 있다는 생각이 드네요. 하고 싶은 일이 있었는데 한번 도전해 볼까 합니다. 1년가량 운동도 하고, 책도 읽고, 여행도 하며 재충전의 시간을 갖고 싶습니다."

모처럼 만난 학교 후배에게서 갑작스런 소식을 듣게 되었다. 대학 진학에 번번이 실패하고 걱정 많던 삼수 시절부터 대기업에 입사해서 감격스러운 첫 명함을 건네받을 때까지 늘 곁에서 지켜보던 후배였다. 대학에서의 전공과 미래에 대한 고민, 취업 준비를 하며 힘들었던 순간들까지 모두 함께했었다.

사실, 후배의 말을 듣고 보니 그럴 수도 있겠다는 생각이 들었다. '절이 싫으면 중이 떠나야 한다'는 말도 있지 않는가. 아무리 남들이 부러워하는 환경과 조건일지라도 스스로가 원치 않으면 떠나야 하는 것이 옳다. 하지만 그의 결정에 놀랐던 이유는, 입사한 지 겨우 1년이 넘은 시점에서 내린 결정이었기 때문이다.

많은 사람들이 회사에 대해 '인생을 억압하는 공간', '꿈을 가로막는 족쇄'라는 부정적인 생각들을 가지고 있다. 회사에서는 자신의 꿈을 향해 도전하기가 힘들기 때문이다. 매일 이른 아침에 출근해야 하고 직장 상사의 눈치를 봐야 하며 원치 않는 야근을 강요당하는 등 개인의 삶을 존중받기가 힘들다. 회사의 불합리한 시스템에 대한 불만이 가득할 수밖에 없다.

하지만 달리 생각해 보면 회사라는 곳은 노동의 대가를 돈이라는 금전적 가치로 환산해 지불하는 거래 관계의 공간이다. 회사 안에서 이루어지는 노동이 즐거우면 그보다 더 좋을 수는 없겠지만 일반적으로 노동은 즐거움과는 거리가 멀다. 노동이라는 단어 역시 '힘들이고 애쓰다'라는 의미의 勞(노)와 '움직이다'라는 의미의 動(동)이 모여 이루어진 말이다. 즉, 힘을 들여 움직이는 행위가 바로 노동인 것이다. 회사는 노동의 공간이기 때문에 가기가 싫고 힘들게 느껴지는 것은 너무나 당연한 일이다. 우리는 일하기 때문에 회사로부터 돈을 받는다. 만약 회사가 즐거운 곳이었다면 오히려 돈을 주면서 다녀야겠지만 지금까지 그런 사람은 한 번도 본 적이 없다.

언젠가 신입사원 멘토링 교육 시간에 "당신의 꿈은 무엇인가요?"라는 질문을 던진 적이 있다. 다행히 이 질문에 신입사원들은 나름대로 성심성의껏 답변을 해 주었다. "그럼, 꿈을 이루기 위해 지금 당신이 하고 있는 일은?", "꿈을 이루기 위해 어떠한 준비가 필요한가요?", "그 꿈은 과연 언제쯤 이루어질까요?" 등의 추가적인 질문을 건네자 쉽게 대답하지 못하는 직원이 상당수였다.

우리는 꽤 오랜 기간 동안 학교라는 틀 안에서 교육과정을 거친다. 긴 학교생활을 하며 열심히 공부하는 이유는, 지적 욕구를 채우고 더 나은 사람이 되고 싶다는 원론적인 의도도 있을 것이다. 하지만 현실적으로 이야기하면 높은 성적으로 졸업해서 좋은 회사에 취직하기 위해서다. 그러면 다시 이렇게 묻고 싶다.

"졸업 후 좋은 회사에 취직하고 난 다음의 목표는 무엇인가?"

많은 직장인들이 회사생활에 염증을 느끼고 무작정 떠나고 싶다는 마음에 온갖 부정적인 생각으로 똘똘 뭉치는 까닭은 무엇일까? 대부분의 직장인들이 회사에 자신의 꿈을 저당 잡혀 하루하루 희망도 즐거움도 없이 주어진 업무만 충실히 하며 살아간다. 매월 나오는 월급을 삶의 위안으로 삼는 '사축(회사의 가축)'의 삶에 빠져 있기 때문이다. 자신의 꿈은 물론 앞으로 나아갈 방향에 대한 고민조차 하지 않는 무기력한 삶을 살아간다. 그렇게 회사에 자신의 인생을 올인하다 보니 자기 뜻대로 되지 않는 회사 시스템에 불만을 가질 수밖에 없다.

나는 회사라는 곳도 학교와 마찬가지로 '졸업'이 있다고 생각한다. 학교에서 공부하고 졸업장을 따서 다음 단계로 나아가듯이 회사 역시 마찬가지다. 인력 감축으로 인한 구조조정의 칼바람에 어쩔 수 없이 떠밀려서 나오는 것이 아니라 인생의 다음 목표를 위해서 스스로 졸업을 결정하고 당당히 나오는 것이 현명하다고 생각한다. 회사를 다니는 동안에는 이왕이면 똑똑하게 일하고 제대로 인정받아 많은 사람들의 축하를 받으며 명예롭게 나오자는 말이다.

개인마다 회사 졸업의 시기는 다를 것이다. 대리, 과장 때 이미 자신의 길을 찾고 준비해서 회사를 나오는 경우도 있다. 또 다른 누군가는 임원, 사장의 위치까지 오르고 나서야 졸업을 할 수도 있을 것이다. 중요한 것은 그 시기보다 어떤 계획과 준비를 갖춰 회사를 나오느냐다.

관점을 바꾸면 회사생활을 하며 얻을 수 있는 것들이 많다. 문제해결 능력, 목표 달성 능력, 커뮤니케이션 능력, 리더십, 팔로워

십, 갈등 해결 능력 등 개인의 역량을 강화시킬 수 있다. 인적 네트워크 구축, 다양한 사회생활 경험, 하다못해 전화 받는 법이라든가 이메일 쓰는 법 등 사소한 것이라도 배워 두면 도움이 된다. 회사에 다니는 동안 지혜롭게 많은 것을 배우고 자신의 것으로 만들어 다음 단계로의 도약을 위해 멋지게 졸업하면 좋을 것이다. 나는 직장인들의 명예로운 졸업을 도와주는 정신적 멘토가 되고 싶다.

어릴 때부터 나는 '작가'가 되는 것이 꿈이었다. 평소에 독서하고 글 쓰는 것에 흥미를 가지고 있었기 때문에 막연하게 내 이름으로 된 책을 갖고 싶다는 소망이 있었던 것 같다. 그러다 파울로 코엘료의 《연금술사》라는 책을 읽게 되면서 많은 사람들의 마음에 깊은 울림을 주고 열정적인 삶을 살 수 있도록 동기부여를 해줄 수 있는 작가를 꿈꾸게 되었다. 나의 꿈은 점차 커져 단순히 글만으로 사람의 마음을 움직이기보다는 대중에게 말로써 긍정적인 영향을 미치는 강연가가 되고 싶다는 생각이 들었다. 그동안 준비해 오던 글이 출판사와 계약을 맺게 되면서 나의 꿈에 더 가까이 다가가게 되었다.

꿈으로 향하는 길은 여러 갈래가 있다. 그중에는 빠르게 도달할 수 있지만 험하고 힘든 길도 있고, 시간이 걸리지만 편하고 쉬운 길도 있다. 어떤 길을 선택하든 그것에 대한 책임은 온전히 자신에게 달렸다. 하지만 곁에서 방향을 잡아 주고 조언을 해 주며 열정과 용기를 북돋워 주는 멘토가 있다면 칠흑같이 막막한 상황에서도 한 줄기의 빛처럼 내일에 대한 희망이 생길 것이다.

나는 신입사원 시절부터 9년간의 회사생활을 하는 동안 일 잘하는 직원으로 인정받으며 살아왔다. 회사생활을 잘하는 방법에 대한 글을 썼고, 그 내용을 바탕으로 현재 사내 강사로 활동 중이다. '4가지 있는 직장인'이라는 멘토링 교육을 진행하고 있다. '4가지'란 읽기에 따라서 '싸가지'로 들릴 수도 있지만, 마음가짐, 역량, 인간관계, 태도 등 회사생활을 하는 데 필요한 네 가지를 의미하는 표현이기도 하다. 나의 목표는 회사원들이 자신의 꿈을 향해 빠르게 나아갈 수 있는 방법을 제시해 주고 도와주는 것이다.

10년 전쯤 '공부하는 직장인'이라는 의미로 봉급생활자를 뜻하는 '샐러리맨(Salaried Man)'과 학생을 뜻하는 '스튜던트(Student)'가 합쳐져서 만들어진 '샐러던트(Saladent)'라는 단어가 유행했었다. 그러다 최근에는 직장에 다니면서 책을 쓰는 '샐러라이터(Salawriter)'라는 단어가 등장했다. 나는 여기에 대중을 상대로 강연하는 '스피커(Speaker)'를 합쳐서 '샐러라이커(Salawriker)'가 되고자 한다.

회사에서 일하는 동안 자신이 진정으로 원하는 것이 무엇인지를 생각해 보고 도전에 앞서서 현명한 준비를 한다면 회사는 꿈을 이루기 위한 든든한 발판이 되어 줄 것이다. 나는 책을 쓰고 강연하는 직장인으로서, 대한민국 직장인들이 자신의 꿈을 포기하지 않고 이룰 수 있도록 도와주는 정신적 멘토가 될 것이다. 그것이 바로 나의 첫 번째 버킷리스트다.

보스턴 마라톤
풀코스 완주하기

　모처럼 이른 아침 집을 나와 운동 길에 나섰다. 상쾌한 아침공기를 맞으며 운동을 하면 세상을 다 얻은 것처럼 기분이 좋아 하루의 일과도 같이 좋아지는 느낌이다. 집에서 근처 호수공원까지 가는 조깅코스를 뛰다 보면 흐르는 개울물과 우거진 숲을 지나간다. 복삽한 일상에 지친 나에게는 힐링 그 자체다. 특히 이동 중에 만나게 되는 이름 모를 새와 식물들은 조깅에 특별한 재미를 안겨 준다. 약 5~8km에 걸친 아침 운동을 마치고 돌아오면 다시 새로운 하루를 시작할 힘찬 에너지를 얻는다.

　언제부터였는지 정확하게 기억나지는 않지만 이른 아침이면

곤히 잠든 아내가 깨지 않도록 출근 채비와 함께 조깅을 준비하곤 했다. 특별한 이유가 있었던 건 아니었다. 하루 종일 사무실 책상에 앉아 열심히 일만 하는 탓에 늘어만 가는 뱃살을 빼고 꾸부정한 허리를 교정하기 위해서였다. 하루 이틀 아침 조깅을 하면서 심플하면서도 효율성 좋은 조깅의 매력에 푹 빠지게 되었다.

동네에 잘 마련된 조깅코스를 뛰다 보면 주변 환경에 시선을 빼앗기게 된다. 자칫 산만해 보일 수 있지만 오히려 그 반대다. 한 발 한 발 앞으로 나아갈수록 나 자신에게 몰입하게 된다. 30분에서 1시간가량 목적지를 향해 뛰어가는 동안 나는 내면의 또 다른 나에게 말을 걸곤 했다. 나 자신과 대화하는 시간을 가지게 되는 것이다. 불현듯이 생각나는 하나의 생각이 꼬리에 꼬리를 물어 사고의 확장이 일어나게 되고 내면과의 대화를 통해 종종 풀리지 않아 고민해 오던 문제의 답을 얻곤 했다. 사실 그동안 바쁜 일상으로 인해 다른 사람들의 목소리에만 귀를 기울였지, 정작 가장 소중한 나 자신의 목소리에 귀 기울이는 데는 소홀했다. 그래서인지 아침 조깅은 정말이지 소중함 그 자체였다.

흥미로 시작한 조깅은 하루를 여는 의식과 같은 것이 되었다. 나는 조깅을 더욱더 효과적으로 하기 위해 인터넷으로 연간 마라톤 일정을 찾아보기에 이르렀다. 이런 조깅에 대한 관심은 마침내 실제 마라톤 대회의 참여로 이어졌다.

아직 초보 마라토너인 까닭에 5km부터 차근차근 거리를 늘려 나갔다. 아내는 곁에서 큰 응원과 힘을 보내 주었다. '한국유방건강재단'이 주최하는 '핑크리본 마라톤'에는 함께 참여하기도 했다. 운동을 계속하면서 달리는 거리가 5km에서 10km로 늘어났다. 자신감이 붙어 마침내 하프 마라톤에 도전하게 되었다. 비록 풀코스는 아니었지만 그동안 도전해 본 최고의 거리인 10km의 2배나 되는 거리라는 점에서 적잖은 부담이 되었다.

주말이면 달리기 연습을 거듭했다. 평일에는 엘리베이터 대신 계단으로 이동하며 마라톤 대회를 준비해 나갔다. 20km를 한 번도 안 쉬고 속도를 유지하며 달리는 연습을 하고 나서야 비로소 출전에 대한 자신감이 생겼다.

대망의 경기가 있던 날, 날씨는 좋았고 코스 역시 부담스럽지 않았다. 중간에 터널을 통과하는 코스가 있었는데 그 안에서 큰 목소리를 내면 동굴에 있는 것처럼 쩌렁쩌렁 울렸다. 함께 달리던 참가자들이 터널 속에서 "파이팅!"을 외치는 소리가 마치 수백 명이 나를 응원하는 것처럼 느껴졌다.

중간에 숨이 턱턱 막혀서 뛰는 것을 멈추고 싶었던 순간도 있었다. 하지만 끝까지 포기하지 않고 완주해 결승선에 도달했다. 연습 때보다도 훨씬 더 좋은 성적으로 결승선에 골인해서 기쁨이 배가 되었다. 하지만 그런 완주의 기쁨도 잠시 경기 이후 무릎에 통증이 오기 시작했다. 그 통증은 꽤 심하면서도 오랫동안 나를 괴롭혔다. 참다못해 찾아간 병원에서 의사는 무릎에 물이 찼으니 한동안 무리한 운동은 금하고 조심하라고 주의를 주었다.

평소 나는 대부분의 시간 동안 사무실에 앉아 있다. 이런 나에게 무릎에 문제가 생겼다는 것은 마라톤을 준비하는 과정에서 무리를 한 탓인 것 같다. 건강상의 문제로 운동을 하지 못하자 좀이 쑤셔 죽을 지경이었다. 인터넷에 즐겨찾기로 해 놓은 마라톤 대회 일정을 보며 무릎이 얼른 낫기를 바랐다. 그리고 대회 신청을 할까 말까 망설이다가도 뛰기는커녕 걷기도 힘든 상황에 자칫 더 큰 문제가 발생할까 봐 두려워 포기하고 말았다.

문득, 몇 해 전 먼 독일에서 살고 있는 볼프강 고모부님께서 내게 하셨던 말씀이 떠오른다.

"젊었을 때 너무 워커홀릭처럼 일만 하다가는 얼마 지나지 않아 방전돼. 인생은 장거리 마라톤과 같은 거야. 주변을 돌아보며 천천히 자기 자신에게 집중하는 삶을 살도록 노력해. 나 자신에게 집중할 때 후회 없는 인생을 살 수 있기 때문이야."

인생은 마라톤과 같다. 단거리를 전심전력 달려 순위가 나뉘는 100m 육상경기와는 다르다. 그렇기 때문에 가끔은 더 좋은 시기를 기다리고 인내하며 다음을 위한 지혜로운 선택을 할 필요도 있다.

나는 감기도 자주 걸리고 코피도 자주 나곤 한다. 나름 이런 것들이 열정의 산물이라고 합리화하지만 목표를 향해 저돌적으로 나아가는 성격 탓이라는 것을 잘 알고 있다. 내일을 위해 오늘의 열정을 불살라 버리고는 방전되는 일의 연속이다. 고질적으로 나를 괴롭히는 위장병 역시 나의 생활태도가 빚어낸 습관 병이다. 그래서 지금부터라도 나는 삶을 대하는 자세를 조금씩 바꿔 나가려고 노력하고 있다.

마라톤을 완주하기 위해서는 끝까지 완주하겠다는 의지와 열정이 중요하다. 하지만 기초적인 체력이 지탱해 주지 못하면 말짱 도루묵이다. 그리고 그런 기초체력은 어느 한순간에 갑자기 만들어지는 것이 아니라 꾸준히 스스로를 절제하고 단련시키는 가운데 조금씩 성장한다. 마치 시련과 역경을 통해 인생이 성장하는 것처럼 말이다.

인간은 누구나 자기 인생의 그래프가 상승 곡선을 그리기를 바란다. 하지만 그것은 목표로 삼은 큰 그림일 뿐 장기적이면서도 지속적인 성장은 사실상 불가능하다. 때론 발전 없이 정체할 수 있고, 가끔은 지독한 슬럼프에 빠져 주저앉기도 한다. 그럼에도 불구하고 우리는 더 나은 내일을 위해 끊임없이 고군분투하고 있다.

나는 이런 질문을 던져 본다.

'지금 내 인생의 진행형은 과연 어떤 모습일까?'

'여전히 상향을 지속하고 있는가? 아니면 하향의 침체 속에서 침몰하고 있는가?'

내가 갑작스런 무릎 통증으로 마라톤을 잠시 멈추었듯이 우리 인생에도 성장을 위한 멈춤이 필요한 시기가 있다. 그러나 잠시 멈췄다고 해도 결코 포기해선 안 된다. 포기하지 않는 한 결국 내가 바라는 것을 이루게 될 것이기 때문이다.

훗날 인생의 정점에 섰을 때 미래의 나는 현재의 나에게 과연 어떤 말을 건넬까? "그동안 여기까지 오느라 수고했다!"라는 칭찬일까? "더 잘할 수 있었는데 실망했다!"라는 원망일까? 미래의 내가 현재의 나에게 해 줄 말은 지금 나 자신에게 달려 있음을 기억해야 한다. 비록 아직은 초보 마라토너에 불과하지만 꾸준하게 열심히 노력하다 보면 42.195km의 마라톤 풀코스를 완주할 수 있는 때가 올 것이다. 그리고 그 과정에 설령 넘어지고 쓰러지는 일이 있더라도 결코 포기하지 않을 것이다.

내가 보스턴 마라톤에 출전해 완주에 성공할 즈음이면 분명 지금의 나와는 많은 것이 변해 있을 것이다. 나는 그것을 '성장'이라고 단언한다.

한강이 보이는
최고급 아파트에서 살기

대한민국의 평범한 회사원이 젊은 나이에 집을 마련한다는 것은 쉬운 일이 아니다. 하지만 나는 착하고 현명한 아내를 만나서 내 집을 마련할 수 있었다. 내 명의로 된 집이 있다는 사실만으로도 뿌듯하고 가슴이 벅차올랐다.

여느 신혼부부와 마찬가지로 우리 부부에게도 집을 꾸미고 단장하는 즐거움에 폭 빠졌던 시절이 있었다. 하지만 그렇다고 마냥 좋기만 한 것은 아니었다. 시간이 지나면서 처음에는 발견하지 못했던 단점들이 하나둘씩 눈에 들어오기 시작했다. 당시 신혼집은 지은 지 20년도 더 된 오래된 아파트였다. 낡은 수도 배관으로 인해 녹물이 나오는 것은 기본이고 노후로 인한 여러 가지 문제들이 수시로 발생했다. 게다가 이전 집주인이 대책 없이 리모델링을 하는 바람에 불편한 점이 이만저만이 아니었다. 내 집을 가졌다는 기쁨은 잠시였고, 하루하루 걱정거리가 늘어만 갔다.

한번은 결혼 1주년 여행을 앞두고 있을 때 갑자기 드레스 룸 바닥에 물이 찼던 적이 있었다. 바닥에 깔려 있는 보일러 배관이 갑자기 터졌기 때문이다. 그 어떤 날보다 행복해야 할 1주년 여행을 앞두고 이런 일이 생겨서 너무나 속상했다. 우리 부부는 밤새 물을 닦고 짐을 정리하며 걱정으로 밤을 지새워야 했다.

집에 대한 불만은 비단 내부에만 있었던 것은 아니었다. 외부 주차장 시설도 마음에 들지 않았다. 오래된 아파트였기 때문에 주차 공간이 매우 협소하고 부족했다. 주차장은 그야말로 전쟁터를 방불케 했다. 조금이라도 늦게 퇴근하면 주차할 공간이 없어서 뱅뱅 돌다가 결국 이면 주차하기 일쑤였다. 그나마 좋은 자리에 주차를 하더라도 다음 날 차를 빼려면 가로막고 있는 차들을 빼야 했는데 고생이 이만저만이 아니었다. 매일 아침 주차장에서 고군분투하는 모습은 정말이지 가관이었다. 지하 주차 공간이 부족해서 차를 외부에 세우는 날에는 마음이 편치가 않았다. 외부에 주차를 하는 탓에 신경 써서 세차를 해도 비나 눈이라도 오면 금세 더러워지곤 했다.

얼마 전부터 집 근처에서 초고층 주상복합아파트 공사가 진행

되고 있다. 지금 살고 있는 동네는 이미 20여 년 전에 신도시가 세워져 새로운 건물이 들어오기는 힘든 상태다. 하지만 유명 건설사에서 남아 있는 부지를 활용해 초고층의 고급 주상복합아파트를 건설하게 된 것이다. 얼마 전 모델하우스를 오픈했는데 분양을 원하는 사람들로 넘쳐 났다. 순식간에 아파트 분양이 완료되었다. 나는 결혼할 때 가지고 있던 청약 저축까지 모두 해약해서 신혼집을 구입했기 때문에 아쉽게도 분양의 기회를 잡지 못했다.

시간이 지날수록 현재 짓고 있는 주상복합아파트에 관심이 많이 간다. 모델하우스에서 구조를 봤더니 총 세 가지 타입 중에서 방산형 구조가 특히 마음에 들었다. 길만 건너면 바로 전철역과 연결되어서 아파트의 위치 또한 좋았다. 바로 고속도로로 통하게 되어 있어서 최적의 조건이었다.

문득 이런 조건이라면 1층에 스타벅스 카페가 생기지 않을까 하는 기대감도 든다. 언제부턴가 나는 스타벅스 카페가 있는 곳에서 살고 싶다는 꿈이 있었다. 편안한 분위기에 집중이 잘되는 곳이어서 좋다. 초고층 아파트에서 살면서 엘리베이터민 다고 내려가면 스타벅스를 이용할 수 있다는 상상만으로도 설렌다. 만약에 여기서 살 수 있다면 두 가지 소망을 한꺼번에 이룰 수 있을 것 같다.

탁 트인 조망과 넓은 공간은 지금 살고 있는 집에서는 해 보지 못했던 인테리어를 시도해 볼 수 있어 기대가 크다. 거실에 터줏대감 격으로 자리 잡고 있는 TV를 안방으로 옮기고 거실은 책으로 가득 채울 것이다. 서재를 멋지게 꾸미서 사색의 공간이자 집필의 공간으로 활용할 예정이다. 그리고 1인 기업가로서 멋진 사무실로 사용할 것이다. 무엇보다 깨끗하고 살기 좋은 집을 아내와 미래의 아이에게 선물하고 싶다. 그럴 수만 있다면 현재 살고 있는 집에 대해 가지고 있던 불만들을 까맣게 잊고 새로운 마음으로 새 출발을 할 수 있을 것 같다.

나는 1년에 두 번 정도 아내의 친구들과 부부동반으로 모임을 가진다. 모두 좋은 사람들이어서 만나면 항상 즐겁고 유쾌하다. 한번은 모임에서 아내가 친구들과 학창시절에 했던 내기에 대한 이야기가 나왔다. 나중에 결혼하면 누가 먼저 한강이 보이는 아파트에서 살게 될지에 관한 내기였다. 당시에는 한강이 보이는 아파트라고 하면 막연하게 가격이 많이 비쌀 것이라는 인식이 강했다. 멋진 남자를 만나 좋은 곳에서 살면서 행복한 가정을 꾸리자는 의도였던 것 같다. 요즘은 한강신도시라고 해서 굳이 서울이 아니어도 한강이 보이는 아파트를 그리 높지 않은 가격에 구매할 수 있다.

하지만 나는 한강이 보이는 서울의 최고급 아파트에서 가정을 꾸리는 것을 버킷리스트로 정했다. 지금 서재에는 코르크보드로 만든 큼지막한 드림보드가 설치되어 있다. 그 안에는 나의 드림리스트들이 생생하게 시각화되어 있다. 매일 사진을 들여다보며 다가올 미래를 상상한다. 사진 속에 있는 미래의 집은 바로 앞에 한 강이 보이는 최고급 아파트다. 탁 트인 조망에, 넓은 거실에 있는 통유리창 밖으로 한강이 보인다. 발코니에 나가면 언제든지 상쾌한 바람을 맞을 수 있다. 꿈꾸던 서재와 아내가 원하는 크고 멋진 주방이 있다. 고급스러운 욕조에서 한강을 바라보며 하루의 피로를 풀어 본다.

나는 잠재의식이 가진 강력한 힘을 잘 알고 있다. 그래서 소망과 목표를 종이에 적어 매일 들여다보며 외친다. 특히 아침 출근길에 하루가 다르게 빠르게 세워지고 있는 주상복합아파트를 보면서 생생하게 시각화한다. 가까운 미래에 그곳에서 살 수 있을 것이라는 확신을 가져 본다. 하지만 마음 한편에서는 '정말 가능할까? 지나치게 큰 목표가 아닐까? 내 주제를 알아야지…'라는 부정적인 생각이 나도 모르게 들기도 한다. '동네 주상복합아파트 매입하기'에서부터 '한강이 보이는 최고급 아파트에서 살기'라는 꿈을 꾸고 있지만 과연 어떤 방법으로 이루어질지 지금은 알 수 없다.

"나에게 소망을 준 무한한 지성은 나를 안내하며, 소망을 실현하기 위한 완벽한 계획을 제시해 준다. 잠재의식의 깊은 지혜가 답을 줄 것을 알고 있다. 내가 마음속으로 느끼고 원하는 일은 반드시 실현된다."

정신 법칙의 세계적 권위자 조셉 머피의 말이다. 이 말은 자신에 대한 불신으로 흔들리던 내 마음에 한 줄기 빛이 되어 주었다. 내 꿈은 최고의 타이밍으로 실현되고 있음을 믿는다. 땅에 심긴 씨앗은 어떤 손길의 도움도 없이 스스로 성장한다. 이와 마찬가지로 자신이 진정 원하고 필요한 것에 대한 생각을 잠재의식 속에 씨앗으로 심는다면 반드시 실현될 것이다.

나는 한강이 보이는 최고급의 멋진 아파트에서 가족과 함께 행복하게 살고 싶다. 나의 미래의 모습을 생생하게 잠재의식이라는 밭에 심었다. 나는 확신에 찬 어조로 이렇게 외쳐 본다.

"모든 것이 이루어졌음에 감사합니다."

Super Motivation Maker
컴퍼니 센터 설립하기

회사는 토익점수뿐만 아니라 영어 말하기, 쓰기 능력까지 요구한다. 이런 이유로 어학연수는 졸업을 앞둔 대학생들에게 필수코스가 되었다. 나 역시 마지막 학기를 남겨 두고 어학연수를 다녀오기로 결정했다. 당시 저렴한 금액이지만 효과가 좋은 필리핀 어학연수가 인기였다. 짧은 기간 동안 적은 금액으로 큰 효과를 보고 싶었기에 주저 없이 필리핀으로 향하는 비행기에 몸을 실었다.

그곳에서 맞이한 첫 수업에서 선생님은 각자 영어 이름을 지으라고 주문했다. 순간 머릿속에서 과거에 봤던 외화 속 남자주인공들의 이름이 떠오르기 시작했다. 'Tom', 'John', 'Steven' 등 흔한 이름들이 떠올랐다. 영어 이름이긴 해도 자기 이름인데 아무

의미 없이 대충 정하고 싶지는 않았다. 고민 끝에 내 이름 '민규'의 이니셜인 'MK(엠케이)'를 영어 이름으로 사용하게 되었다. 다들 나의 영어 이름이 힙합 가수나 DJ의 이름 같다고 했다. 현지 영어 선생님은 'M'과 'K'라는 철자를 이용해 'Milk(밀크)'나 'Mickey Mouse(미키 마우스)'라고 부르기도 했다. 그때 사용했던 영어 이름은 한글 이름을 살리고, 발음 자체도 멋있어서 어학연수 이후 지금까지 계속 사용하고 있다.

어렸을 때부터 내가 가지고 있던 꿈은 오직 한 가지였다. 베스트셀러 작가가 되어 많은 독자들에게 뜨거운 영감을 전달하는 글을 쓰는 일이었다. 특히 타인에게 열정을 심어 줄 수 있는 자기계발 분야의 책을 쓰고 싶었다. 그 내용을 바탕으로 대중 앞에서 강렬한 메시지를 전달하는 멋진 강연가가 되고 싶다. 나의 꿈은 시간이 지날수록 더욱 명확하고 확고해진다.

얼마 전부터 9년간의 직장생활을 통해 얻은 경험과 지식을 바탕으로 신입사원을 위한 자기계발서를 쓰기 시작했다. 나의 스토리를 책에 담았고 다행히 집필을 끝내자마자 출판사와 출간 계약을 완료했다. 현재 나는 주 업무 외에 신입사원을 위한 사내 멘토링 강사로도 활동 중이다. 회사생활에 필요한 여러 가지 팁과 신입사원으로서의 마음가짐, 태도 등에 대한 조언을 아낌없이 전달하고 있다. 포기하지 않고 한 발자국씩 나아가자 막연하기만 했던 꿈이 조금씩 목표에 다다르고 있다는 생각이 든다.

내 영어 이름이기도 한 'MK'라는 두 글자를 보다가 문득 인생 목표로 꿈꾸고 있는 '동기부여 전문가'라는 의미를 생각해 보았다. 그리고 '동기 유발자', '동기 제공자' 등의 의미인 'Motivation maker'라는 문구를 떠올리게 되었다. 내 앞길의 이정표를 발견한 것처럼 마음에 쏙 들었다. 이 문구는 마치 영어 이름을 'MK'라고 정했을 때부터, 아니 내 이름을 '민규'라고 지었을 때부터 정해져 있었던 것처럼 자연스럽고 특별한 의미로 다가왔다.

얼마 전에는 온라인 쇼핑몰에서 회사 책상에 놓을 패드를 주문했다. 마침 간단한 문구를 새겨 주는 서비스를 해 주고 있었다. 고민할 것도 없이 패드에 'Motivation maker'라고 새겼다. 배송이 완료되고 패드를 책상에 올려 두자 동료들이 패드에 새겨진 문구에 대해 하나둘씩 관심을 가지기 시작했다. 문구의 의미에 대해 물어보기도 했다.

"제 한글 이름의 이니셜이자 추구하는 삶의 목표를 표현한 문구입니다."

나는 이렇게 당당하게 말했다. 사람들은 예상치 못한 나의 답변에 웃으면서도 내심 놀라는 눈치였다. "그럼 성이 '송'이니까 S는 'Super'인 건가?"라고 상사가 물었다. 그의 말을 듣자 망치로 머리를 얻어맞은 듯 큰 충격을 받았다. 왜 나는 'Motivation maker'라는 단어 앞에 'Super'라는 단어를 붙일 생각을 하지 못했을까? 순간 너무 감격스러웠다. 'Super'라는 단어는 '대단한', '굉장히 좋은'이라는 의미를 가지고 있다. 우리가 어떤 것에 대해 특별함을 부여할 때 자주 사용하는 단어다. 나는 단순히 동기부여 전문가에 머물기보다 대한민국 최고의 동기부여 전문가가 되고 싶다는 생각이 들었다. 그런 의미로 'Super'라는 단어를 앞에 붙인다면 미래 또한 더욱 멋지고 밝을 것이라고 확신한다.

현재 다니고 있는 회사와 맡고 있는 업무에 대해 큰 불만은 없다. 하지만 언젠가는 선택의 시기가 찾아올 것이다. 조직에 남을 것인지, 떠날 것인지를 고민해야 할 때가 온다면 당당하게 나오고 싶다.

회사에 인생을 저당 잡혀 회사의 결단에 일희일비하는 사람이 되고 싶지 않다. 자신의 생각을 제안하고 결정의 주체가 되어 회사와 어깨를 나란히 하는 파트너가 되고 싶다. 그러기 위해서는 회사는 물론 모두가 인정하는 나만의 강력한 무기가 있어야 한다. 나는 회사를 다니면서 5권 이상의 책을 내고 외부 강연과 칼럼 기고를 통해 개인 브랜딩을 할 예정이다. 내 이름 석 자에 당당하게 'The'라는 정관사를 붙일 수 있는, 스스로 빛나는 휴먼브랜더가 되고 싶다.

책을 쓰고 강연하는 직장인으로서 회사를 명예롭게 졸업해 1인 창업가로서 인생 2막을 시작하고 싶다. 그때 내가 설립하게 될 회사명은 당연히 'Super Motivation maker Company'가 될 것이다. 내 이름 석 자의 이니셜 'SMK'를 세상에 알리고 싶다.

세계 유수의 기업들은 창립자의 이름을 그대로 회사명으로 사용하는 경우가 많다. 글로벌 IT기업으로 유명한 'HP'는 회사명을 창립자인 '윌리엄 휴렛'과 '데이비드 팩커드'의 이름을 합쳐서 만들었다. 일본의 자동차와 모터사이클 회사로 유명한 '혼다'의 경우는 창립자인 '혼다 소이치로'의 이름을 그대로 사용했다.

자신이 설립한 기업에 자기 이름을 붙인다는 것은 자신의 모든 것을 건다는 것을 의미한다. 역사에 한 획을 긋겠다는 창립자의 불타는 의지가 투영되어 있다고 볼 수 있다. 나 역시 내 이름 석 자를 내가 세운 기업에 붙임으로써 책임과 열정을 가지고 많은 사람들의 삶을 더욱 충만하고 생기 넘치게 만드는 데 전력투구할 것이다.

이제 사람들은 정보를 검색한다는 말을 표현할 때 '구글링 (googling)'이라는 단어를 사용한다. 이는 '구글'이라는 글로벌 기업의 이름이 그 자체로 고유한 의미를 지닌 단어가 되었음을 의미한다. 나의 이름이자 회사명인 'SMK'라는 단어 역시 하나의 온전한 의미를 지닌 고유명사가 되기를 꿈꾼다. 이왕이면 '열정적인',

'가슴 두근거리게 하는', '뜨거운 꿈을 꾸게 하는' 등의 긍정적이고 바람직한 의미를 가질 수 있기를 바라 본다.

내 이름으로 된 컴퍼니 센터를 설립해서 끊임없이 책을 쓰고 강연하는 인생을 살아갈 것이다. 최고의 동기부여 전문가이자 성공한 1인 기업가로서 'Motivation maker' 앞에 당당히 'Super'라는 단어를 붙일 수 있을 때까지 앞으로도 최선을 다할 것이다.

방송, 블로그, SNS 등
다양한 영역에 영향력을 미치는
휴먼브랜더 되기

나는 인기리에 방송되고 있는 〈무한도전〉이라는 프로그램에 출연한 적이 있다. 사실 출연이라기보다는 화면에 잠깐 잡혔던 것에 불과했다. 하지만 그 반응은 실로 놀라웠다. 해당 프로그램에서 출연진이 라디오 DJ의 역할을 했다. 대한민국 곳곳에 카메라를 설치해서 라디오를 청취하는 시민들의 반응을 살펴보는 것이었다. 당시 나는 야근 후 늦은 시간에 귀가를 위해 올라탄 택시에서 우연히 그 카메라와 마주했다. 출연동의서에 서명을 하고 짧지만 임팩트 있게 방송출연을 할 수 있었다.

사실 내가 TV에 출연하는 것이 처음은 아니었다. 하지만 대부분 방청객으로서 짧게 몇 번 나온 것이 고작이었다. 그런데도 TV

화면 속에서 내 얼굴을 찾아보는 재미가 쏠쏠했다. 그러다 〈소비자 고발〉이라는 프로그램에서는 인터뷰까지 하며 꽤 길게 출연했던 적이 있다. 특히 인터뷰 방송 중에 이름과 사는 지역까지 나와서 아는 사람이 보았다면 대번에 알아차릴 수 있는 상황이었다. 물론 그 방송이 나간 뒤 여기저기서 연락이 오기는 했지만 〈무한도전〉에 나온 1초를 이길 수는 없었다. 그 짧은 시간 동안 제대로 된 얼굴 확인도 어려웠을 텐데 많은 사람들이 알아보고 연락하는 것을 보면서 방송의 위력을 새삼 느낄 수 있었다.

혹시, '셀럽(celeb)'이라는 단어를 들어 본 적이 있는가? '셀럽'이란 '셀러브리티(celebrity)', 즉 유명인의 줄임말이다. 누구나 따라하고 싶을 정도의 유명인사 또는 현지 유행을 이끄는 트렌드 등을 의미한다. 최근에는 일반인을 대상으로 하는 각종 리얼리티 방송이나 오디션 등의 프로그램이 인기를 끌면서 셀럽이 증가하고 있다. 가수나 배우 같은 연예인은 아니지만 큰 인지도를 자산으로 대중에게 주목받고 영향을 끼칠 수 있는 다양한 직종의 사람들이 늘어나고 있는 것이다.

이와 유사한 사례로 중국의 '왕홍(網紅)'이 주목받기 시작했다. '왕홍'은 쉽게 말해서 '파워블로거'라고 할 수 있다. 위챗이나 QQ, 웨이보 등 중국 SNS에서 활동하면서 팔로워 수가 최소 50만 명 이상인 소셜미디어 스타를 뜻한다. 이들 1인 채널 브랜드는 인터넷에서 높은 영향력을 발휘하고 있기 때문에 국내 업체의 중국 고객 유치를 위한 왕홍 모시기 경쟁이 나날이 뜨겁게 달아오르고 있다.

'셀럽'과 '왕홍' 모두 방송과 인터넷 등 다양한 미디어 채널을 통해 자신의 이름을 널리 알리고 있다. 그리고 그 유명세에 그치지 않고 이를 수익 창출의 프로세스로 연결했다는 점에서 무척이나 인상 깊었다.

어렸을 적부터 나는 타인으로부터 받는 관심을 중요하게 생각해 왔다. 최근에는 '관심종자(관종)'라는 단어가 생겨났다. 관심을 받고자 사리에 맞지 않는 짓을 하는 사람이라는 다소 부정적인 의미를 가지고 있다. 하지만 관심을 받고자 하는 것 자체가 문제라고 생각하지는 않는다. 단지 그 수단이 잘못되었거나 절제와 자제가 되지 않는 점이 문제가 아닐까 생각한다. 오히려 나는 이런 관심에 대한 욕구 덕분에 적극적으로 남들 앞에 나서게 되었다. 그 결과 학창시절부터 리더의 역할을 도맡아 할 수 있었다.

'셀럽'처럼 자신이 추구하는 분야에 대해 타인으로부터 많은 관심과 호응을 얻어 내고, '왕홍'처럼 실질적인 수익 창출로 이어 나갈 수 있다면 이보다 더 좋은 시스템은 없다고 생각한다. 특히 추구하는 분야가 자신의 온전한 경험과 지식을 통해 스스로 창출해 낸 콘텐츠라면 1인 기업가로서 인생 2막의 문을 두드릴 수 있는 원동력이 되어 줄 것이다.

하루가 다르게 급속도로 발전하는 IT통신기기산업의 추세 역시 이런 시스템에 큰 힘을 실어 준다. 이제는 언제 어디서든 온라인으로 연결되어 자신의 일거수일투족을 홍보할 수 있다. 그리고 타인과 소통하는 자기 PR을 넘어서 하나의 온전한 브랜드로서 대중에게 막강한 영향력을 행사할 수 있는 것이다.

'브랜드(brand)'의 어원은 고대 노르웨이어의 'brandr'에서 유래되었다. '불에 달구어지다(to burn)'라는 의미를 담고 있다. 마치 과거에 죄수들에게 낙인을 새겨 일반인과 구별했던 것처럼 한 번 새겨지면 좀처럼 지워지지 않는 것이 바로 '브랜드'이기도 하다.

자기다움으로 남과 다른 것, 즉 다른 것으로 대체할 수 없는 것이 바로 브랜드의 정확한 의미라고 할 수 있다. 인간도 바로 이러한 브랜드가 될 수 있으며 이를 '휴먼브랜딩'이라고 한다. 자기다움을 무기로 마침내 자신의 삶 자체를 '브랜드화'해 온전한 브랜드처럼 살아갈 때 비로소 진정한 '휴먼브랜더'에 이를 수 있는 것이다.

만약 내가 '휴먼브랜더'가 된다면 단순히 많은 사람들이 알아봐 주는 즐거움보다 내가 가진 아이디어와 콘텐츠를 효과적이면서도 효율적으로 대중에게 전달할 수 있다는 점에서 큰 의미가 있을 것 같다. 이는 방송과 블로그 등 다양한 영역에서 나의 영향력이 더욱 커짐을 의미하기 때문이다.

유명 정치인과 연예인은 물론 강연가이자 작가로 유명한 혜민 스님, 설민석, 김미경 등은 이미 이름만으로도 대중의 뜨거운 관심을 받는다. 그들의 말 한마디와 행동 하나가 대한민국 대표 검색 포털사이트의 실시간 검색 순위를 좌지우지한다. 일례로 '역사 읽어 주는 남자'로 유명한 설민석의 경우는 학원계의 한국사 스타 강사로 처음 알려졌다. 그러다 〈명량〉, 〈광해〉, 〈역린〉 등 역사 관련 영화 개봉과 맞물려 유튜브에 올린 역사 강의 동영상이 큰 인기를 끌게 되면서 영화의 흥행코드로 급부상하게 되었다. 이후 각종 방송과 매스컴에 자주 출연하게 되면서 독보적인 브랜드 가치를 구축하게 되었다.

일반인들도 시대적 흐름과 유행에 맞춰 매력적인 콘텐츠로 승부한다면 어느 정도 주목을 받을 수 있다. 하지만 단순한 유명세를 뛰어넘어 휴먼브랜더로서 더 크게 성장하기 위해서는 특별한 무언가가 필요하다. 나는 책을 쓰는 것만큼 특별한 것은 없다고 생각한다. 자신의 스토리가 담긴 책은 사람들에게 '나'라는 존재감을 드러낼 수 있는 최고의 소개서다. 그리고 자신의 분야에서 권위자, 전문가로 인정받을 수 있는 자격증이다.

나는 우연히 〈한책협〉 김태광 코치의 저서를 통해 〈한책협〉과 소중한 인연을 맺게 되었다. 그곳의 책 쓰기 교육과정을 통해 개인저서 집필 및 출판사 계약 후 출간을 앞두고 있다. 책을 쓰고 강연하는 직장인으로서 보통의 직장인들과는 다른 특별함으로 나만의 브랜드를 구축하고 있다. 그리고 '꿈이 있는 신입은 방황하지 않는다'라는 모토하에 '드림워킹연구소' 자기비전 코치로 활동하고 있다. 직장인들이 회사에서 똑똑하게 일하고 제대로 인정받는 명품 직장인이 될 수 있도록 돕고 있다.

개인저서를 통해 촉발된 나의 영향력이 인터넷과 외부 강연 그리고 방송으로 이어져 강력한 휴먼브랜드가 구축될 것이다. 다른 사람과 대체될 수 없는 강력한 존재가 되어 선한 영향력을 널리 퍼뜨리는 메신저의 삶을 살게 될 것이다.

우연히 지나가다 잡힌 방송 화면 속 자신의 모습에 흥분하는 빈자의 사고에서 벗어나 나만을 위해 마련된 무대의 주인공으로 당당하게 설 것이다. 내 이름 석 자를 내걸고 방송의 호스트로서 방송을 온전히 이끌어 가는 나의 모습은 상상만으로도 가슴 설렌다. 이를 통해 더 이상 'One of them'이 아닌, 'Only One'으로서 나의 존재감을 오롯이 발산할 것이다.

버
킷
리
스
트

11

PART 9

뜨겁게 일하고
최고로 누리며 살기

김 주 연

김주연

'올댓스피치' 대표, 프로강사 코치, 스피치 코치, 자기계발 작가, 동기부여가

방송 진행자로 10여 년간 활동했으며, 현재는 '올댓스피치' 대표다. 아나운서를 비롯해 쇼호스트, 리포터, 기상캐스터, 프로강사 등 수많은 제자들을 배출하고 있다. 더불어 취업준비생, 직장인, 세일즈맨, 교수 등 스피치를 잘하고 싶어 하는 누구에게나 대상에 맞는 스피치 코칭을 진행하고 있다. 목표를 만들어 꿈을 이룰 수 있게 하는 '파인드 마이 골 아카데미' 설립을 목표로 하고 있다. 스피치 코칭 경험을 바탕으로 스피치 관련 개인저서를 출간할 예정이다.

E-mail voicecoach@naver.com
Blog blog.naver.com/atspeech_kim
Cafe cafe.naver.com/atspeech

1인 기업 강사
1,000명 이상 배출하기

나는 20대 중반에 토론토로 여행을 갔었다. 그곳에서 아르바이트를 하면서 1년 3개월 동안 지냈다. 그때 일했던 PC방 사장님 두 분이 형제였다. 한국에서 이민 온 지 얼마 되지 않은 분들이었다. 형은 대기업 출신 엘리트였고 동생은 전직 의사였다. 두 사람은 장사는 처음이어서 많이 힘들다고 했다. 특히 형은 컴퓨터와 영어가 능숙하지 않아서 아르바이트생이 잠시라도 자리를 비우면 한마디도 못하고 고객들의 시선을 피하기 바빴다. 나는 이를 통해 이민자의 세계에서는 한국에서 잘나갔던 과거는 의미가 없다는 것을 알았다. 어떤 사람을 통해 이민 생활에 대한 안내를 받는지가 중요하다.

현재 대한민국의 현실도 비슷하다. 자신이 어려서부터 무엇을 잘했는지, 무엇을 좋아하는지에 대해서는 생각하지 않는다. 자신의 미래를 찾는 일에는 전혀 관심이 없어 보이는 사람들이 많다. 부모님이 원하는 대로 공무원 준비를 하고 있는 취업준비생들이 많다. 그리고 자신의 꿈과는 상관없이 스펙을 쌓고 인맥을 넓히기 위해서 대학원에 투자하는 사람들도 많다. 사촌 형이 휴대전화 판매하는 일을 하면 큰 고민 없이 같은 일에 뛰어들거나, 친구가 화장품을 팔면 자신도 그 일을 소개받아 하고 있는 경우도 있다.

20대 초에 나와 함께 방송리포터로 일했던 친구가 있다. 그 친구는 결혼 후에 아이를 낳고 경력단절이 되었다. 아이를 키우다 보니 자연스럽게 대부분 동네 아이 엄마들과 어울리게 되었다. 지금은 그 엄마들 중 가장 친한 엄마의 뒤를 따라 눈썹 문신 기술자가 되었다. 너무나 안타까웠다. 그녀는 방송경력도 있고 학벌도 나보다 훨씬 좋은 친구였기 때문이다. 내가 프로강사가 될 수 있도록 도움을 주겠다고 말했지만 친구는 자신 없어 하며 용기를 내지 못했다.

나는 10여 년간 방송 MC로 일해 오면서 7년간 아나운서, 쇼호스트, 강사, 스튜어디스 등 수많은 제자들을 배출했다. 겉보기에 화려해 보이는 제자들이지만 그들에게는 엄청난 스토리가 숨겨져 있다.

한 친구는 부모의 빚을 갚기 위해서 지하철역 앞에서 샌드위치를 판매했다. 아르바이트만 5개 이상을 하면서 돈이 되는 일이라면 밤낮을 가리지 않았다. 또래 친구들과는 차원이 다른 삶을 살았다. 치열하고 힘든 삶이었지만 돈을 갚아 나가는 희망으로 버텼다. 그렇게 치열하게 살아온 끝에 1억 원에 가까운 빚을 청산할 수 있었다. 그녀는 스스로에게 보상을 해 주고 싶다는 생각에 프로강사가 되겠다는 꿈에 도전했다. 꿈을 이루기 위해서 강사가 되는 방법을 찾기 시작했고 10여 곳의 강사양성과정을 비교한 뒤 나를 찾아왔다. 그렇게 자신의 꿈에 망설임 없이 노크를 한 것이다.

그녀는 빚을 갚고 남아 있는 돈을 과감하게 꿈에 투자했다. 그리고 치열하게 강사훈련에 임했다. 그녀는 자신이 생각하는 것은 반드시 이룰 수 있다는 확신을 가지고 있었다. 주위에서는 샌드위치 판매와 아르바이트를 해서는 빚을 갚지 못할 거라고 말했지만 그녀는 결국 해냈다. 고졸 출신으로 프로강사가 될 수 없다는 말에도 눈 하나 깜짝하지 않았다. 고졸이라는 학벌도, 빚을 갚기 위해 망가져 버린 몸도 그녀에게는 중요하지 않았다.

그녀의 확신이 현실이 되기까지 1년이 채 걸리지 않았다. 그녀는 전국을 누비며 대학과 기업에서 스피치 강의를 하고 있다. 1인 기업의 대표로서 블로그 마케팅을 통해 몸값을 올리고 있는 중이다. 또 한 가지 그녀의 큰 변화는 외모다. 몸무게가 80kg이 넘었던 그녀가 지금은 누구나 부러워하는 날씬한 몸매의 소유자가 되어 전문가의 포스가 물씬 난다. 그녀는 자신의 미래에 누가 픽업을 나올지 기다리지 않는다. 자신이 원하는 목적지로 직접 찾아간다. 심지어 목적지에 빨리 가기 위해서 돈과 시간을 아낌없이 투자한다. 지금 가난하다고 해서 꿈을 포기하고 자신을 위한 투자에 인색한 보통의 사람들과는 다르다.

나는 이런 생각을 해 본다. 만약에 그녀가 주도적이지 않은 이민자나 취업준비생들처럼 주변 환경에 맞추어 미래를 결정했다면 어땠을까? 아마도 매일 샌드위치를 30개씩 팔아 주었던 카드사 직원을 따라 지금쯤 카드 영업을 하고 있을지도 모른다.

나 또한 지방 전문대 출신으로 방송 MC가 되고자 했을 때 주변의 반대가 심했다. 서울 방송국에서 진행하는 공채 오디션에 지원서를 보낼 때도 엄마는 걱정을 많이 하셨다. 엄마는 서울 MBC 방송국 근처에 살고 있는 큰삼촌에게 전화를 걸어 도움을 요청했지만 삼촌은 완강하게 반대하셨다.

"여기에 실력 있는 애들이 넘쳐 나요. 주연이 괜히 바람만 들고 실망만 커지니까 오디션 같은 것은 아예 못 보게 하세요."

그렇게 내 꿈은 묻히는 듯했다. 1년쯤 지나고 친구를 만나러 서울로 가는 버스에 몸을 실었다. 그때 서울 톨게이트에 멈춰 서 있던 학교 버스의 광고문구가 내 가슴을 흔들었다.

'방송인의 꿈이 이루어지는 곳, 동아방송예술대학'

나는 서울에 도착하자마자 동아방송예술대학에 대해 알아보았고 학교에 입학하기 위해서 열심히 준비했다. 합격은 했지만 등록금을 내고 무사히 학교에 입학하기까지 엄청난 시련이 있었다. 나는 외할머니, 막내 이모, 엄마와 함께 입학 이틀 전날 등록금과 기숙사비를 환불받기 위해서 학교가 있는 경기도 안성으로 올라왔다. 충남 공주에서 안성으로 가는 2시간 내내 버스 안에서 대성통곡했다. 막내 이모는 나를 설득하느라 바빴다.

"주연아, 방송은 아무나 하는 것이 아니야. 그리고 여자애가 서울에서 혼자서 어떻게 지내려고 그래? 그러지 말고 이모가 은행 일을 알아봐 줄 테니까 거기서 안정적으로 일하면서 돈도 모으고 결혼도 하고 엄마 옆에서 살아."

세상이 무너져 내리는 심정으로 학교에 도착했다. 등록금은 어렵지 않게 환불받을 수 있었다. 기숙사비를 돌려받기 위해서 기숙사로 향했다. 기숙사에 짐을 풀고 있는 신입생들의 모습에는 활기가 넘쳤다. 나는 눈물범벅이 되어 창밖에 펼쳐진 모습을 하염없이 바라만 보고 있었다. 그때 외할머니께서 하신 한마디는 내 운명을 바꾸어 놓았다.

"주연 엄마, 다른 애들도 다 다니는데 우리 주연이도 그냥 다니게 해 주자."

나는 그렇게 빈 몸으로 기숙사에 입성할 수 있었다. 많이 부족한 모습으로 학교생활을 시작했다. 부족함은 절박함을 낳았고 그 절박함으로 남들보다 더 많은 노력을 했다. 방학이 되어도 집에 가지 않았다. 밤낮을 가리지 않고 방송프로그램 제작을 배웠고 방송 훈련을 했다. 1학년을 마치자마자 방송오디션에 합격해 누구보다 빠르게 방송활동을 시작할 수 있었다.

대부분의 사람들은 아나운서나 쇼 호스트 등의 직업을 가진 사람들이 처음부터 말을 잘했을 거라고 생각한다. 그리고 남들보다 좋은 환경을 타고났을 기라고 생가한다. 하지만 사실은 그렇지 않다. 오히려 경제적으로 어렵고 힘든 사람들이 많고 주변 반대를 이겨 낸 사람들이 대부분이다.

꿈을 이룬 제자들을 오래 지켜보면서 더욱더 확실해진 것이 있다. 바로 꿈을 이루기 위해서는 현실과 타협해서는 안 된다는 것이다. 고졸 출신으로 7년 동안 콜센터 직원으로 근무하다가 30대

중반이 되어서야 스피치를 공부하고 프로강사로 활발하게 활동하는 제자도 있다. 그녀 역시 현재 1인 기업 대표와 대학교수가 되어 멋지게 살아가고 있다. 대학을 졸업하자마자 결혼해서 아이 셋을 낳고 키우느라 20대, 30대를 보낸 한 전업주부 제자도 지금은 대학교에서 학생들에게 스피치를 가르치고 있다.

현재 20여 명의 제자들이 프로강사로 활동하고 있는 1인 기업 대표다. 나는 더 많은 사람들이 현실과 타협하지 않고 꿈을 향해 나아가기를 바란다. 나 역시 더 큰 열정과 노력으로 1,000명 이상의 강사들을 배출하고 그들이 1인 기업 대표로 활발히 활동할 수 있도록 도울 것이다.

주 4일 뜨겁게 일하고
주 3일 최고로 누리기

얼마 전 흥미로운 뉴스를 봤다. 헤드라인이 '퇴근 후 카카오톡 지시, 시간 외 근무일까?'였다. 특히 손석희 앵커의 오프닝 멘트가 재미있었다.

"사실 오늘 아이템은 저 개인적으로는 안 했으면 했는데, 김필규 기자가 들고 와서 어쩔 수 없이 하기는 합니다."

손석희 앵커도 후배 기자들에게 새벽 2시에 카톡을 보내 그들의 단잠을 깨운 적이 있다는 클로징 멘트는 무척이나 흥미로웠다. 현대인들은 이렇게 주 5일 근무는 고사하고 퇴근 후까지 회사와 연결되어 있는 생활을 한다. 나 역시 불과 7년 전까지만 해도 '월화수목금금금'의 생활에 늘 몸과 마음이 지쳐 있었다.

당시 나는 대전 교통방송에서 MC로 활동했다. 운전자들의 문자 사연을 읽어 주고 신청곡을 전해 주는 DJ였다. 늘 방송 시작 15분 전쯤에 방송국에 도착했다. 2시간 동안 방송을 하고 퇴근했으니 근무시간은 총 3시간이 안 되었다. 겉으로 보기에는 화려하고 자유로운 직업이었다. 하지만 많은 사람들이 생각하는 것처럼 돈을 많이 버는 직업은 아니었다. 한 달 수입이 직장생활을 하는 친구들 월급의 60% 정도였으니 말이다. 하루 종일 직장에 매여 있는 친구들은 나를 부러워했지만 나는 경제적으로 좀 더 나은 생활을 하고 싶었다.

때마침 방송 선배의 제안으로 아나운서 아카데미의 면접을 봤다. 대한민국에서 내로라하는 강사들이 있는 곳이었다. 잠시 인사만 하는 정도의 면접이라고 생각했는데 대표는 갑자기 시범 강의를 요청했다. 나는 콧대 높은 아나운서 출신 강사들 앞에서 '유머 스피치 기법'에 대해 15분 정도 강의를 했다. 예상했던 대로 강사들은 나를 못마땅하게 쳐다보았다. 내가 자신들의 수준에 안 맞는 사람이라고 생각하는 것 같았다.

그런데 이상하게도 대표의 눈빛은 달랐다. 대표는 나의 강의가 끝나고 입사를 제안했다. 그것도 파격적인 조건으로 말이다. 다른 강사들보다 1.5배 높은 연봉과 팀장 직급을 제시한 것이다. 아마도 다른 강사들에게서 못 느꼈던 유쾌한 에너지를 내게서 찾은 듯했다. 대표의 기대만큼 나는 빠르게 성장했다. 수강생들뿐만 아니라 강사들을 관리하고 교육시키는 역할이 주어졌다. 때로는 대표를 대신해 여러 대학교에 강의를 나갔고 대기업 CEO와 연예인 교육에도 수시로 투입되었다.

나는 매일 아침 7시에 출근해서 다양한 주제로 강사 교육을 진행했다. 그리고 밤 10시까지 아나운서 지망생들을 교육했다. 주말에는 10권이 넘는 책들을 쌓아 놓고 주중에 하지 못한 강의 자료를 수집했다. 때때로 외부 기업교육이 겹칠 때는 새벽 5시에 일어나 강의 교육안을 작성해야 했다. 대표는 새벽에도 아이디어가 떠오르면 문자로 전달했다. 나는 기대에 부응하기 위해 전달받은 사항들을 철저히 진행시켰다. 대표가 만족할수록 일은 끝도 없이 쏟아졌다. 그렇게 반년이 흐르자 유쾌했던 나의 에너지는 점점 사라지고 있었다. 얼굴엔 사식직인 미소만 남아 있었고 오로지 한 가지 생각뿐이었다.

'이곳을 어떻게 빠져나가지?'

남들보다 높은 연봉이었고 화려한 일상이었다. 뉴스에 나오는 대기업 CEO들, 연예인들을 훈련시키며 나의 자존감은 더욱 높아졌다. 곱게 화장을 하고 좋은 옷을 입고 명품 백을 들고 다녔다. 많은 제자들을 성공적으로 방송에 진출시키면서 보람도 느꼈다. 하지만 내 노동력을 바닥까지 싹싹 긁어 투자해야 했다. 결국 나는 그곳을 뛰쳐나왔다. 대표의 삼고초려에도 망설임 없이 회사를 그만두었다.

짧은 시간이었지만 하드 트레이닝을 거친 나는 6개월 전의 내가 아니었다. 바로 백수가 되었지만 전혀 불안하거나 초조하지 않았다. 그동안 크고 작은 강의를 통해서 성공을 맛보았기 때문이었다. 잠시 자유로운 시간을 만끽하며 한 시간을 강의하고도 수백만 원씩 버는 강사들을 분석했다. 그리고 다시는 노동 시간과 비례해서 수입을 올리지 않겠다고 다짐했다.

그 후 나는 일반인을 대상으로 하는 스피치 아카데미에서 프리랜서 강사로 일했다. 아나운서 지망생이 아닌 일반인들도 훈련을 시켰다. 누구나 훈련을 통해서 방송인의 음성으로 만들 수 있다는 것을 알게 되었다. 틈틈이 블로그를 통해 나만의 브랜드를 구축하기 시작했다. 제자들을 훈련시킨 노하우를 블로그에 하나씩 올리기 시작했다. 거칠고 허스키한 목소리의 수강생이 훈련을 통해 아나운서처럼 바뀐 후기들을 공개했다. 그리고 단 한 번의 코칭으로 승무원 면접에 붙게 한 방법과 면접을 볼 때 피해야 하는 스피치 유형들을 공유했다. 블로그 포스팅 효과는 빠르게 나타났다.

개별 코칭은 물론 수많은 대학과 기업, 단체, 심지어 방송국에서도 강의 요청이 들어왔다. 몰려드는 수강생들을 훈련시키기 위해서 스피치 과정을 개설했다. 그리고 작은 사무실도 오픈했다. 수강생들의 변화를 빠르게 이끌어 낸다는 입소문까지 퍼지면서 스피치 과정은 늘 조기 마감되었다. 그렇게 '올댓스피치'라는 이름을 만들고 1인 기업의 대표가 되었다. 수입은 2배를 훌쩍 뛰어넘었다. 일도 많아지고 바쁜 하루였지만 내 의지대로 시간을 쓸 수 있어서 좋았다. 나의 에너지는 예전처럼 쉽게 사라지지 않았다.

남편의 사업도 함께 탄력을 받았다. 빚으로 시작했던 신혼생활은 빠르게 변화했다. 수입이 늘어나면서 우리는 이사를 자주 다녔다. 다가구 주택의 방 한 칸에서 방 2개짜리 빌라로 이사했고, 1년이 안 되어서 34평 아파트를 구입했다. 가장 큰 결실은 두 아이를 낳은 것이다. 누구의 도움도 없이 우리는 성장했다. 크고 작은 시련을 거쳐서 성장한 만큼 우리의 자신감도 함께 커졌다.

시간을 자유롭게 쓰면서 한 가지 나쁜 버릇이 생겼다. 바로 늦잠을 자는 것이었다. 보통 9시간에서 10시간을 잤다. 이렇게 잠을 많이 자는 대신 나만의 원칙이 있었다. 잠에 투자하는 만큼 TV는 절대 보지 않는다는 것이었다. 그리고 사적인 목적으로 카톡이나 페이스북을 들여다보지 않기로 했다. 심지어 친구들과의 모임도 거의 갖지 않았다.

그런데 이런 나의 오랜 습관이 한순간에 바뀌었다. 〈한책협〉을 만나면서부터다. 의식이 조금씩 성장하면서 엄청난 변화가 일어났다. 지금은 새벽 5시에 일어나 책을 보고 하루를 계획한다. 그리고 이렇게 책을 쓴다. 나와는 전혀 맞지 않는다고 생각했던 아침형 인간의 삶이 내게도 마법처럼 펼쳐지고 있는 것이다. 생산적인 활동으로 시작하니 하루 종일 늘어지는 일도 없다. 심지어 아이들을 어린이집에 데려다주고 바로 한 시간 정도 운동을 한다. 장을 보는 시간도 짧아졌다. 쓸데없이 이것저것 구경하며 시간을 지체하지 않고 계획한 물건만 빨리 구입한다.

일에 있어서도 꼭 필요한 미팅이 아니면 참석하지 않는다. 생각해 보니 그냥 인사치레로 참석했던 미팅이 대부분이었다. 이상하게도 아침에 일찍 일어난 것뿐인데 전반적인 삶의 의식이 많이 변화되었다. 그동안 무심코 흘려보냈던 단 10분 동안에도 할 수 있는 일이 너무나 많다는 것을 깨달았다. 몰입하면 10분이라는 시간은 책을 읽거나 블로그나 카페를 관리하기에도 충분한 시간이 된다.

〈한책협〉의 김태광 대표는 이렇게 말한다.

"내가 시속 100km로 갈 수 있는데도 스스로 50km로 갈 수 있다고 믿으며 달리는 것은 인생에 대한 예의가 아니다. 시속 100km로 질주할 때 인생에 대한 예의를 지키는 것이다. 이처럼 인생에 대한 예의를 지킬 때 또 다른 문이 열리고 다음 칸으로 넘어갈 수 있다. 인생에 대한 예의를 지키는 것은 더 멀리 더 높이 가는 첫 번째 비결이다."

한동안 나는 50km로 여유를 즐기면서 달렸다. 남편과 예쁜 두 딸들이 주는 소소한 행복에 만족하며 살았다. 하지만 지금은 월 수익 1억 원 이상의 사업가, 동기부여 강연가, 스피치 강사라는 명확한 목표를 향해 시속 100km로 달리기 시작했다. 주 4일은 전력 질주해서 성과를 만들고 주 3일은 지상 최고의 휴식을 스스로에게 선물할 것이다. 나는 오늘도 책을 읽고, 책을 쓰고, 비전에 대해 생각하고 계획한다. 이런 하루하루가 모여서 원하는 모든 것을 이룰 수 있을 것이다. 나의 버킷리스트는 빠르게 업데이트되어 가고 있다.

1년에 두 번 이상
해외에서 강연하며
일주일 이상 머물기

나는 MBC 시사교양국에서 FD로 3년 정도 일했다. FD는 PD를 도와서 자료를 수집하고 방송예고를 편집한다. 그리고 스튜디오에서 생방송이나 녹화 진행을 돕는데, 주로 주조정실에 있는 PD의 지시를 전달하는 역할을 한다. 3년 동안 내가 맡은 프로그램은 〈생방송 화제집중〉, 〈와! e멋진 세상〉, 〈특집 다큐멘터리〉 등이다.

FD는 대학 선배의 권유로 시작한 아르바이트였다. 지상파 방송시스템을 알아 두면 나중에 아나운서가 되어서도 도움이 될 것이라고 생각했다. 그런데 점점 프로그램을 제작하는 일에 빠져 버렸다. 〈와! e멋진 세상〉이라는 프로그램에서는 전 세계의 신기하고 이색적인 아이템들을 다뤘다. 나는 한 평도 안 되는 작은 편집실에서 선배들이 촬영해 온 생생한 자료들로 예고편을 편집했다. 세상을 구경하는 일은 무척이나 재미있었다. 미국에 사는 꼬마 헤라클레스부터, 일본의 괴짜 발명가, 멕시코의 나 홀로 페트병 섬에 사는 사람, 방귀소리로 연주를 하는 영국의 방귀맨 등을 만났다. 그리고 브라질의 삼바축제를 비롯해 스페인의 토마토전쟁, 베일에 가려져 있던 소림사까지 수백 곳을 편집되지 않은 생생한 영상으로 여행했다.

가끔 선배들은 해외에서 2~3개의 아이템을 촬영하기 위해 2주일 이상 해외에 머물러 있기도 한다. 그럴 때면 먼저 찍은 촬영 테이프를 한국에 미리 보내 편집을 다른 PD에게 맡기곤 한다. 촬영 테이프를 전달받기 위해 인천공항에 가는 것은 정말 신나는 일이었다. 테이프만 전달받고 다시 방송국으로 들어가야 했지만 될 수 있는 한 공항에 오래 머물렀다. 책도 보고 쇼핑도 하고 밥도 먹었다. 공항 냄새가 참 좋았다. 다양한 국적의 사람들이 오가는 공항의 에너지가 좋았다. 공항에 가면 나의 가슴은 주체할 수 없이 뛰었다. 비행기를 타고 출국하는 것은 아니지만 그저 낯선 어딘가를 여행하는 모습을 상상하는 것만으로도 행복했다.

"선배들은 참 좋겠다. 일하면서 여행도 하고, 아무나 할 수 없는 특별한 체험도 하니까."

내가 이렇게 말하면 선배들은 하나같이 똑같은 말을 했다.

"모르는 소리 하지도 마라. 일정이 너무 빡빡해서 촬영만 하고 온다니까. 막상 도착해서 촬영을 시작하면 거기가 서울인지 미국인지 독일인지 느낄 수도 없어."

나는 FD를 그만두고 방송 리포터를 거쳐 MC가 되었다. 예상했던 것처럼 프로그램을 제작하는 시스템이 한눈에 들어왔다. 나는 방송 진행뿐만 아니라 작가를 대신해 대본을 쓰기도 했고 아이템 선정과 출연자 섭외도 곧잘 도왔다. 작가가 써 준 대본으로 방송할 때와 내가 직접 섭외하고 쓴 대본으로 방송할 때의 결과는 완벽히 달랐다. 전체 상황을 알고 방송을 하니 생각지도 못한 상황에도 당황하지 않았다. 오히려 기대 이상의 스토리가 나왔고 진심 어린 감정 표현이 가능했다. 스피치를 잘하고 싶어 나를 찾아오는 수강생들에게 글을 쓰게 하는 이유도 바로 이때의 경험이 가져다준 확신 때문이다.

나는 리포터와 MC로 활동하면서 전국 방방곡곡을 다녔다. 그리고 수많은 사람들을 만나 그들의 스토리를 들었다. 나는 부산을 지금까지 세 번 다녀왔는데 한 번은 국제패션쇼 촬영을 위해서 다녀왔고 나머지 두 번은 대학교의 교수들에게 스피치 코칭을 해 주기 위해 방문했다. 국제패션쇼 현장은 그야말로 축제 분위기였다. 화려한 볼거리도 많고 세계의 유명 디자이너들도 직접 인터뷰했다. 멋진 모델들이 눈앞에서 워킹을 하고 나는 연예인들 사이에 앉아 패션쇼를 취재했다. 심장까지 울리는 음악소리와 반짝이는 조명 아래에서 숨을 쉬고 있다 보면 꿈을 꾸고 있는 것 같았다. 나는 해운대의 모래사장을 그때 처음 밟아 보았다.

'여름만 되면 뉴스에 나오는, 사람들이 가득 차 있는 해운대가 바로 여기구나.'

부산 자갈치 시장도 2년 전 강의를 끝내고 식사를 하기 위해 처음 갔었다. 다음 일정이 바로 서울에서 있어 나는 식사만 마치고 바로 KTX에 몸을 실어야 했다. 친구들은 가끔 나를 부러워한다. '일도 하고 여행도 하니 얼마나 좋을까'라는 예전의 나의 마음과 같을 것이다. 하지만 PD 선배들의 말처럼 일은 일일 뿐이다. 일정도 빡빡하고 잠시 여유가 생긴다고 해도 머릿속에는 온통 다음 일정에 대한 생각뿐이다. 일정이 끝나고 서울로 향하면서 나는 항상 다짐한다.

'다음에 시간이 나면 꼭 가족과 함께 다시 한 번 와 봐야지.'

하지만 단 한 번도 다시 가 본 적이 없다. 나는 한때 용감한 여행자였다. 준비 없이 떠난 캐나다에서도 1년을 넘게 여행했다. 계획하지 않은 여행에서 만나는 사람들과의 소통이 좋았다. 맨얼굴과 운동화를 통해 느껴지는 낯선 땅의 기운이 나를 흥분시켰다. 영화에서나 봤던 2달러짜리 핫도그를 토론토 한복판에서 먹으며 영화 속 주인공이 된 기분이었다. 그리고 틈만 나면 토론토 도서관 앞에 있는 스타벅스에서 영어로 된 소설책을 읽었다. 물론 정확한 해석은 힘들었지만 원서를 고집한 이유는 온전히 그 문화를 즐기고 싶어서였다. 캐나다에 더 오래 머물며 여행을 하기 위해 아르바이트를 했다. 그리고 돈이 모이면 퀘벡, 몬트리올, 밴쿠버, 천섬으로 여행을 떠났다.

나는 캐나다의 마지막 여행지로 한국인이 없는 가브리올라 섬을 선택했다. 밴쿠버에서도 1시간 30분 동안 배를 두 번이나 갈아타고 들어가야 하는 아주 작은 섬이다. 나는 그곳에서 농장 일을 도우며 주인 할머니, 할아버지와 생활했다. 동네 사람들은 가끔 함께 모여 파티를 했다. 아침부터 모닥불을 피워 바다에서 잡아 온 연어를 구웠다. 저녁이 되면 각자 마실 맥주를 들고 모였다. 나는 불고기와 김밥을 만들어 인기를 독차지했다. 내게 거리감을 갖고 있던 몇몇 사람들과도 맛있는 한국음식을 통해 친해질수 있었다. 어느새 나는 그곳 주민이 되어 섬을 찾아온 여행자들에게 농장에서 나온 블랙베리와 말린 꽃으로 만든 장식품을 팔았다. 수입이 꽤 좋았다. 난 어디서든 잘 살 수 있을 것이라는 믿음은 그때 생겼다.

그곳 사람들과 함께한 추억들이 참 많다. 세 살짜리 옆집 아이와 재미있게 동화책을 읽었던 일, 열흘에 한 번 서는 동네 장에서 노총각 아저씨와 함께 물건을 팔았던 일, 침실과 화장실까지 갖춰진 럭셔리 보트에 초대받아서 바다 향을 맡으며 와인을 즐겼던 일, 20년도 넘은 할머니의 차를 타고 덜덜거리며 여행을 갔던 일, 그리고 밤하늘을 가득 채운, 눈부시게 반짝이는 별들을 바라보며 일기를 썼던 일까지 모두 나를 더욱 견고하게 만들어 준 추억들이다.

나에게 여행이란 나를 더욱 강하게 만들어 주는 기회다. 그동안 잊고 있었던 여행의 기쁨을 다시금 꺼내 본다. 그리고 계획을 세워 본다. 대한민국을 넘어서 세계를 무대로 강연을 펼치겠다. 특히 토론토에서 강연해 보고 싶다. 강연이 끝나고 일주일을 머물며 20대의 나의 흔적을 돌아보고 싶다. 생각만 해도 행복하다.

엄마에게
평생 잊지 못할 선물 하기

나는 서른여덟 살에 첫째 딸을 낳고 마흔 살에 둘째 딸을 낳았다. 첫째를 낳았을 때 친정엄마는 이렇게 말씀하셨다.

"내가 1년만 애기 돌봐 줄 테니까 그 후에는 알아서 해."

하지만 엄마는 4년째 첫째에 이어 둘째도 돌봐 주고 계신다. 세종시에 살고 계시는 엄마는 월요일부터 금요일까지 서울에 오셔서 아이들을 돌봐 주신다. 그리고 금요일 저녁이 되면 다시 세종시로 내려가신다. 어쩌다 내가 주말에 강의라도 하게 되면 엄마의 소중한 주말은 고스란히 손녀딸들에게 반납된다.

엄마는 힘들겠지만 나는 엄마와 함께하는 시간들이 행복하다. 같이 커피를 마시고 운동을 하며 세상 사는 이야기를 나눈다. 나는 남편과의 소소한 감정싸움, 아이들 이야기, 사업적인 고민까지 많은 일들을 엄마와 상의한다. 내가 남편과 다투고 나면 엄마는 남편의 입장에서 말씀해 주신다. 그럴 때면 생각지도 못했던 남편의 상황이 이해가 된다. 아이들 이야기가 나오면 엄마와 나는 웃음꽃이 핀다. 내가 일하느라 지켜보지 못했던 아이들의 모습을 생생하게 전해 주신다. 내가 사업적인 고민을 털어놓는 날이면 엄마는 밤새 잠을 못 이루신다. 당사자인 나보다 더 많은 고민과 걱정을 하신다. 그리고 날이 밝으면 조심스레 엄마의 생각을 말씀해 주신다. 누구보다 지혜롭고 용기 있게 걸어온 엄마의 인생을 지켜보며 자란 내게는 엄청난 힘이 된다.

"이제 다시 기업 강의 시작하려면 체력이 좋아야 하니까 운동하고 와!"

"장 서방이랑 둘이 나가서 오랜만에 맛있는 거 먹고 와. 애들은 엄마가 집에서 챙겨 먹일게."

"집에서 책 보면 애들 때문에 방해되니까 카페에서 차 한 잔 하면서 읽고 와."

엄마는 항상 아이를 업고 집안일을 도우며 적극적으로 나만의 시간을 만들어 주신다. 내가 어쩌다 집에 있는 날이면 편하게 쉬라며 아이들을 데리고 놀이터로 향하신다.

어느 날, 책을 쓰기 위해 카페로 향하는데 아이를 업고 버스에서 내리는 한 할머니의 뒷모습을 보았다. 순간 울컥했다. 모르는 할머니의 모습에 엄마가 겹쳐 보였다. 뜨거운 눈물이 흘렀다. 그동안 당연하게 받았던 엄마의 깊은 사랑이 느껴졌다.

'내가 엄마를 위해서 할 수 있는 일은 뭘까? 엄마는 뭘 하고 싶을까? 엄마에게 자유로운 시간을 드려야 하지 않을까? 이제 아이들 돌봐 주시는 일을 다른 사람에게 맡겨야 하나?'

이런 생각들이 들자 나는 다시 이기적인 딸이 되었다.

'애들 초등학교 갈 때까지만 부탁드리자. 아냐, 애들이 초등학교에 들어가면 손이 더 많이 갈 텐데 엄마가 안 도와주시면 난 어쩌지?'

내가 초등학교 5학년 때 교통사고로 아빠가 돌아가셨다. 여름 방학이 끝나고 개학을 하루 앞둔 날이었다. 오빠와 밀린 숙제를 하고 있는데 엄마가 한 통의 전화를 받고 급하게 집을 나섰다. 그리고 외할머니는 대성통곡하시며 우리를 껴안아 주셨다. 그때 아빠의 나이는 37세였고, 엄마는 35세였다. 당시에는 실감이 나지 않았다. 누군가 교통사고로 죽는다는 것은 뉴스에서나 나오는 일이라고 생각했다. 금방이라도 아빠가 "여보, 나 왔어. 주희야, 주연아, 아빠 왔다."라고 우리를 부르며 집으로 돌아오실 것만 같았다.

아빠가 갑자기 돌아가시고 엄마는 슬픔을 느낄 여유조차 없어 보였다. 늦게까지 일하고 새벽에 되어서야 집에 돌아오셨다. 그리고 쌓여 있는 설거지를 하고 다음 날 아침식사와 학교에 가져갈 우리의 도시락을 준비해 놓으셨다. 그렇게 모든 일을 마친 다음에야 엄마는 새벽 3~4시가 넘어서 잠자리에 들 수 있었다.

엄마는 오빠와 나를 부족함 없이 키우셨다. 아빠의 빈자리를 느낄 수 없을 정도로 원하는 것은 뭐든 할 수 있게 지원해 주셨다. 남편을 떠나보내고 두 아이를 혼자 키운다는 것이 얼마나 무서운 일인지 그때는 몰랐다. 약한 모습을 보이기 싫어 얼마나 많은 눈물을 숨겼을지 나는 상상조차 하지 못했다. 그냥 엄마는 강한 분이라고만 생각했다. 아이 둘을 낳고서야 그때 엄마의 심정을 아주 조금 알게 되었다.

손녀딸의 기저귀를 갈아 주시는 엄마의 손을 한참 동안 훔쳐봤다. 탄력을 잃고 주름져 있었다. 언제 이렇게 늙으셨을까. 터져 나오는 눈물을 들키지 않으려고 엄마에게 질문을 퍼부었다.

"엄마는 뭐가 제일 갖고 싶어? 어떻게 살고 싶어? 하고 싶은 것은 없어?"

"지금 이 나이에 하고 싶은 것이 뭐가 있겠어. 그냥 깨끗한 아파트에 괜찮은 살림 갖추고 사는 것이 최고지. 그래야 나중에 네가 손녀딸들 데리고 장 서방이랑 엄마 집에 놀러 오면 편하게 쉬다 가지."

엄마의 대답에 다시 눈시울이 뜨거워졌다. 엄마의 딸로 태어난 것이 얼마나 감사하고 행복한지 모르겠다. 나의 두 딸도 엄마의 도움으로 밝고 건강하게 키울 수 있어서 감사하면서도 죄송스런 마음이 깊어진다.

나는 엄마에게 해 드리고 싶은 것이 참 많다. 우선, 엄마가 원하시는 좋은 살림살이를 모두 장만해 드리겠다. 한 달에 한 번씩 멋진 공연도 함께 보겠다. 그리고 엄마와 단둘이 여행을 가고 싶다. 여행지에서 엄마에게 진하게 사랑고백을 하겠다.

"엄마, 지금 내가 인정받는 강연가와 사업가로, 그리고 사랑받는 아내, 능력 있는 엄마로 살 수 있는 것은 모두 다 엄마 덕분이에요. 엄마가 모든 순간 희생하시면서 저희를 키워 주셔서 이렇게 하루하루가 행복할 수 있습니다. 엄마 딸로 태어나서 정말 행복해요. 사랑합니다."

'파인드 마이 골'
회사 설립하기

나는 대학교 2학년 때 1년간 하숙집을 운영했다. 그때 나는 공주대학교 후문 앞에 위치한 현대아파트에서 엄마와 단둘이 살았다. 함께 살던 오빠가 군대를 가면서 방이 하나 남은 상황이었다. 빈방을 아무 생각 없이 바라보다가 문득 하숙을 생각하게 되었다. 엄마의 허락도 없이 일단 전단지를 만들어 공주대학교 주변 전봇대에 10여 장을 붙였다. 다음 날 친구와 함께 하숙을 하고 싶다는 한 신입생의 전화를 받았다. 나는 그 즉시 내 방의 짐을 엄마 방으로 옮기고 2개의 빈방을 만들었다. 그리고 엄마에게 뒤늦게 상의했다. 엄마는 당황하셨지만 화는 내지 않으셨다.

"내가 허락은 하는데 대신 네가 알아서 밥도 해 주고 청소도 해. 엄마는 관여하지 않을 거야. 하숙생들은 100% 네가 책임지는 거야."

약속대로 나는 식사도 직접 준비했고 청소와 빨래도 했다. 대학생이었던 나는 하숙생들의 아침식사를 챙기느라 잘 꾸미지도 못하고 등교했다. 그리고 수업이 끝나면 친구들과 어울리지 못하고 집으로 와서 저녁식사를 준비했다. 빠질 수 없는 모임이 있으면 친구들을 모두 우리 집으로 데려왔다. 엄마가 해 주신 음식만 먹다가 하숙생들을 위해서 처음 음식을 준비할 때는 후회가 막심했다. 하지만 시간이 지나면서 요리솜씨는 점점 좋아졌고 하숙생들은 내 음식을 좋아했다.

그때의 경험은 그 후 실내포장마차를 운영하는 데 큰 도움이 되었다. 나는 MBC에서 FD로 일하면서 친한 선후배 2명과 방송국 근처에서 실내포장마차를 운영했다. 우리는 낮에는 방송국에서 일하고 밤에는 포장마차에서 일했다. 방송국 식구들이 자주 찾아 준 덕분에 무모한 도전으로 끝날 수 있었던 포장마차는 지금까지도 즐거운 추억으로 남아 있다.

나는 호기심도 많고 하고 싶은 것도 많았다. 일을 벌이는 것을 두려워하지 않았고 실패하고 시련이 닥쳐도 그것이 시련인지 몰랐다. 또다시 하고 싶은 무언가가 생겼기 때문이다. 이런 나를 가족들은 무척 걱정했다. 언젠가 나와는 정반대 성향인 친오빠가 내게 이런 말을 했다.

"너는 못하는 게 없어. 그런데 특별히 잘하는 것도 없는 것 같다."

오빠의 충고는 내게 큰 자극이 되었다. 그때부터 나는 '김주연 사용법'을 연구하기 시작했다. 먼저 내가 해 보았던 일들을 종이에 적었다. 바텐더, 커피전문점과 식당 서빙, 하숙집 운영, 지하상가 옷가게 점원, 호텔 식음료 담당 직원, 프로덕션 기자, 경기방송 리포터, 코리아타운 114 안내, PC방 아르바이트, 꽃 농사, 방송 FD, 포장마차 운영, DMB 방송 MC, 교통방송 MC, TJB 대전방송 리포터, 이벤트 TV 리포터, 보험 판매, 19대 국회의원 선거연설, 모델에이전시 팀장, 임신육아교육박람회 기획까지 기억나지 않는 일들을 빼고도 20개는 족히 넘었다. 그리고 다음과 같은 질문들을 만들었다.

1. 내가 잘하는 것은 무엇인가?
2. 그중 뛰어나게 잘하는 것은 무엇인가?
3. 내가 가장 좋아하는 것은 무엇인가?
4. 내가 못하는 것은 무엇인가?

5. 내가 못하지만 노력하면 잘하는 것은 무엇인가?

6. 내게 스트레스를 주는 것은 무엇인가?

7. 내게 행복감을 가져다주는 것은 무엇인가?

거침없이 답을 써 내려갔다. 많은 일을 하면서 성공과 실패, 슬픔과 기쁨, 좌절과 용기를 경험해 봤기 때문에 정확한 답을 쉽게 구할 수 있었다. 그리고 마지막 질문을 던지고 답을 찾았다.

'그렇다면 무슨 일을 하며 살아야 지금 당장 죽어도 후회하지 않을까? 그래, 사람들에게 동기부여를 할 수 있는 강사가 되자!'

답을 찾은 나는 모든 일에 1년을 넘기지 못했던 과거와는 다르게 7년째 기업과 대학, 그리고 '올댓스피치'에서 코칭과 강의를 하고 있다. 그동안의 많은 경험들이 강의와 코칭을 하는 데 큰 도움이 되었다. 다양한 상황에 놓인 사람들의 마음을 진심으로 공감해 줄 수 있기 때문이다.

나는 내게 끈기가 없다고 생각했다. 하지만 그게 아니라 진정으로 원하는 일이 무엇인지 발견하지 못했을 뿐이었다. 나는 내가 잠이 많다고 생각했다. 하지만 그것 역시 아니었다. 아침에 반드시 일찍 일어나야 할 동기가 약했을 뿐이었다. 이것은 스피치를 잘하고 싶어 나를 찾아오는 학생들을 통해서도 알 수 있다. 그냥 막연하게 필요할 것 같아서 스피치를 공부하는 사람과 간절히 원하는 목표를 이루기 위해 스피치를 공부하는 사람들의 변화는 완전히 다르다.

스튜어디스 지망생이 최종 면접을 이틀 앞두고 나를 찾아온 적이 있다. 면접 스피치 점검을 해 보니 아기 같은 말투에 목소리도 너무 여렸다. 이틀 만에 스피치 습관을 바꾸기는 어렵다. 그런데 놀라운 일이 벌어졌다. 그 지망생이 단 하루 만에 엄청난 변화를 보여 준 것이다. 말투는 친절하면서도 적당히 무게감이 있었고 목소리에도 힘이 실렸다. 표정과 자세도 하루 전의 그녀가 아니었다. 예상대로 그녀는 최종면접에 당당히 합격했고 지금도 가끔 내게 감사 문자를 주곤 한다. 하지만 그녀와는 다르게 남들 따라서 면접 스피치를 준비하는 사람들이 대부분이다. 참 안타깝다.

인지심리학자 김경일 교수는 인간의 동기는 접근동기와 회피동기로 구분할 수 있다고 말했다. 접근동기는 원하는 결과를 얻기 위한 동기이고, 회피동기는 원치 않는 결과를 피하기 위한 동기라고 한다. 취업을 준비하는 학생들은 거의 대부분 회피동기를 가지고 공부한다. 취업을 하지 못하면 남들처럼 살 수 없기 때문에 취업을 하겠다는 회피동기를 가지고 있다. 그래서 스스로에 대한 깊은 고민 없이 남들과 똑같은 자격증을 따고 스펙을 쌓는다.

하지만 진정으로 행복한 삶을 살기 위해서는 회피동기가 아닌 접근동기가 필요하다. 접근동기를 갖기 위해서는 내가 진정으로 원하는 것이 무엇인지 알아야 한다. 원하는 것을 알게 되면 명확한 목표를 세울 수 있다. 명확한 목표는 끈기를 갖게 하고 이른 아침에 눈을 떠서 행동하게 한다.

나는 생생한 경험을 바탕으로 더 많은 사람들이 자신의 명확한 목표를 찾을 수 있도록 '파인드 마이 골'이라는 훈련과정을 열고 회사를 만들 것이다. 사람들이 대중들이 다 한다고 따라 살지 않도록 도울 것이다. 마지막으로 "인생의 목적은 다수의 편에 서는 것이 아니라 정신 나간 사람들 사이에서 벗어나는 것"이라는 마르쿠스 아우렐리우스의 말을 가슴에 새겨보자.

버킷리스트 11

초판 1쇄 인쇄 2017년 5월 17일
초판 1쇄 발행 2017년 5월 24일

지 은 이 박경례 이지연 이용태 서영진 이은지
          김석원 경수경 송민규 김주연
펴 낸 이 권동희
펴 낸 곳 시너지북
기   획 김태광
책임편집 김진주
디 자 인 이혜원
교정교열 우정민
마 케 팅 김응규 허동욱

출판등록 제312-2012-000040호
주   소 경기도 성남시 분당구 수내동 16-5 오너스타워 407호
전   화 070-4024-7286
이 메 일 no1_winningbooks@naver.com
홈페이지 www.wbooks.co.kr

이 도서의 국립중앙도서관 출판도서목록(CIP)은 서지정보유통지원시스템
홈페이지(http://seoji.nl.go.kr)와 국가자료공동목록시스템(http://www.nl.go.
kr/kolisnet)에서 이용하실 수 있습니다.(CIP제어번호: CIP2017010787)

※ 책값은 뒤표지에 있습니다.
※ 잘못 만들어진 책은 구입하신 서점에서 교환해 드립니다.